I0453262

Relatos y Pasajes de mi Niñez

Relatos y Pasajes de mi Niñez

De la vida campesina de
Palmares a la ciudad

José Pacheco

Ileana Chase

Título original: *Relatos y Pasajes de mi Niñez*

© José Pacheco Ramírez, 2024

© Del diseño de texto e ilustraciones: Ileana Chase, 2024

© Prólogo: Róger Solórzano, 2024

Ileana Chase
Bay Area
2024

Todos los derechos reservados. Prohibida su reproducción
total o parcial sin autorización de los editores.

ISBN: 979-8-9997136-1-2

Dedicatoria

Para mi familia: papá, mamá, mis hermanos y hermanas, hijos e hijas, sobrinos y sobrinas, nietos y bisnietos, y a toda la Pachecada.

Agradezco a mi hija Ileana por su dedicación al organizar, editar e ilustrar estos relatos. También agradezco a mis cuñadas Marielos y Evita Hernández por su generosidad al revisarlos.

Introducción

Un día, compartiendo algunas experiencias de mi niñez con Roger, mi sobrino, y hablando sobre nuestra vida familiar en el pueblito llamado la Cocaleca de Palmares a finales de los años cuarenta y principios de los cincuenta, él me pidió que escribiera dichos relatos.

Así comencé a recordar de cuando era niño y vivía en el campo, en un rancho con techo de paja, piso de tierra y paredes de tablas anchas. Y a escribir pasajes de lo que sucedía a diario alrededor de mi familia, con papá, mamá, mis cinco hermanas y nueve hermanos. Recuerdo cómo conviví con las costumbres del pueblo, y las maneras de decir las cosas hasta que nos fuimos a vivir a San José.

Yo los he llamado cuentos, pero son relatos y pasajes de la vida real. Hoy ya cumplí 80 años, y me parece que fue ayer. Siempre he disfrutado de esos recuerdos tan lindos que tuve en mi niñez y adolescencia.

Hoy quiero compartirlos con todos ustedes.

Prólogo

Mi tío José y sus cuentos

*D*esde niño le profesaba gran admiración por su don de contar historias, y su don de gentes: una virtud especial de establecer nexos de projimidad con los vecinos. Lo observaba en la pulpería de mi abuelo Urías Pacheco donde junto con otros tíos trabajaba, y notaba ese imán especial que atraía a los clientes, sobre todo con las señoras y las muchachas.

Entraba a su habitación, que de manera transitoria ocupó en casa de mi padre, y hojeaba los libros que tenía, porque me intrigaba e interesaba saber qué era lo que leía. Fue así como tuve acceso al "Lobo Estepario" de Herman Hesse, y a "La ciudad de Dios" de San Agustín. Libros que aguardaban para consumirse en el fuego junto a otros, debajo del árbol de mango del patio de mi abuela. Así lo ordenó la ignorancia y el miedo del cura párroco de Desamparados ante el supuesto peligro de que afectaran la mente y el entendimiento del universitario o joven que los leyese. Por supuesto, que mi mente de niño se inquietaba por las preocupaciones y dudas de mi abuela respecto a supuestas lecturas dañinas.

El caso es que mi tío José heredó del abuelo Urías, su

facilidad de contar historias acerca de las vivencias de una familia de quince hermanos que venía del campo, concretamente de Palmares de Alajuela, entre cafetales, cañales, maizales, potreros y demás delicias de nuestra campiña.

De día los brincos, saltos y juegos entre árboles de guaba, naranjas, mangos y jocotes. Era nada más subirse a los frutales para degustar sus sabrosos manjares. De noche la oscuridad invitaba a oír historias entre candelas y canfineras, de cuyeos, luces de aparecidos, la carreta sin bueyes, las brujas, y tantas leyendas que avivaban la imaginación, entre miedos y risas. Era un mundo mágico cargado de romance y creatividad.

En varias ocasiones le aconsejé que escribiera sus cuentos, que no los dejara en la simple tradición oral. Y lo hizo cuando correspondía. Al leerlos, se me empañaron los ojos de lágrimas de la emoción y la gratitud que sentí ante tan agradable sorpresa.

Su estilo coloquial, su fisga y sus lecciones de vida hacen que sus historias tengan una finalidad educativa para todos los habitantes de este planeta escuela. Si bien es cierto se trata de cuentos relativos a una familia específica, tienen una trascendencia universal por su contenido pedagógico. Su prosa es colorida, directa, sencilla, de fácil comprensión. Estoy seguro de que es un manjar esperando a ser degustado por todos los que se acerquen a leer. La invitación está abierta.

Roger Solórzano Pacheco

Mi Niñez

*E*staba pensando en mi niñez y en los 10 años que viví en el campo con mamá y papá, rodeado de tantas hermanas y hermanos, que nos cuidaban, nos protegían, guiaban y nos aconsejaban. Más los ángeles de la guardia que mamá enviaba a cuidarnos cuando salíamos. Y digo yo: ¡qué gran dicha que la vida es sabia, y todos tenemos que pasar por la niñez porque ahí se forjan los seres humanos; ahí están las bases de cada ser!

No había pobreza porque teníamos de todo, éramos descalzos y no nos dábamos cuenta porque el mundo era de nosotros: el aire puro que respirábamos, la alegría cuando venían los vientos alisios, y salíamos de vacaciones. El polvo caliente y el barro que sentíamos en las plantas de los pies. No pensaba en nada porque lo necesario lo teníamos, y era asunto de los mayores.

La Navidad era algo inolvidable: el día del nacimiento del Niñito Dios y los regalitos que nos traía. Sentir la llegada al mundo de otros hermanitos, que nacían en el cuarto de mamá y papá. Cuando nos preparábamos para hacer la primera comunión nos aprendíamos las lecciones del catecismo de memoria, oyendo a los mayores que las recitaban en voz alta delante de mamá, antes de ir a las clases. Y más aún, cuando llegaba el día de hacer la primera comunión. ¡Qué emoción más grande invadía nuestro ser!

O cuando entraba uno a primer grado de la escuela. Era increíble el entusiasmo que uno sentía después de tan larga espera viendo a los hermanos mayores ir y venir de la escuela. Porque era un mundo desconocido para nosotros los menores. Los juegos de chócolas, de trompos. Cuando venían los chiquillos y las chiquillas de tía Caridad y jugábamos "Mirón, mirón, mirón" "¿De dónde viene tanta gente?". O de adivinar el oficio: "¿De dónde viene? De Nueva York. ¿Qué oficio trae? ¡Ya lo verá!"

Cuando comenzaba el verano y venían los vientos alisios, nos íbamos a encumbrar papelotes.

Los cafetales y los potreros no tenían dueño, los portones se abrían para nosotros los niños que los recorríamos jugando y corriendo, cuando íbamos a dejar los almuerzos. Muchas veces regresábamos con bananos, guayabas, anonas, naranjas, mangos, jocotes y otras frutas que íbamos recogiendo en el camino.

De los cuentos de "miedo" y de fantasía que nos contaba el abuelo Gilberto cuando venía a la casa, y que luego papá nos decía que eran inventados por él para asustarnos pero que nada de eso existía.

Siempre he estado agradecido con Dios y con la vida porque me dieron la oportunidad de disfrutar esos años en el paraíso.

Los Pacheco Ramírez

Al unirse en matrimonio Urías Pacheco Fernández y Emma Ramírez Quesada, conformaron la familia Pacheco Ramírez. Se casaron en 1928, papá de veintidós años, y mamá de dieciséis.

Tuvieron quince hijos (en orden de mayor a menor): Román, Mardoqueo, Teresa, Rafael, Claudia, Manuel, Benito, Carmen, Gregorio, José, Juan, Carlos, Miguel, Bernardita y Lidiette.

Papá y su procedencia

Nace en el centro de Palmares en 1906 en "La Villa," hijo de Elías Pacheco Hidalgo y de María Fernández. De 11 años decide que no hay mucho que hacer en La Villa y se va a trabajar al campo con su hermano Jaime. Así comenzó a conocer las labores agrícolas, en lo que trabajó por muchos años.

Era jornalero medio día, y por las tardes contrataba chapias y otras faenas, así que trabajaba todo el día. Creo que eso lo diferenció de los demás peones y jornaleros. Al no tener terrenos propios en donde sembrar, alquilaba predios para sembrar: papa, yuca, plátanos, maíz, frijoles, tabaco y otras hortalizas. Decía que como él no tenía terrenos propios, le costaba mucho conseguir dinero para trabajar. El abono y las semillas eran otro problema; había que pedirlas a nombre de otras personas. Aparte, había que cuidarse de las plagas (hongos, hormigas, gusanos y chapulines), los temporales, y los ladrones que muchas veces le robaron parte de sus cosechas. Y para rematar, cuando tenía productos para vender, le pagaban una miseria.

Yo soy testigo presencial de cuando una vez papá sembró un yucal en el bajo del Río Grande. Cada mata produjo muchas yucas y decidió llevarlas a vender al mercado. Alquiló una carreta por cinco colones y fuimos a comprar sacos grandes, de gangoche a colón cincuenta. Me acuerdo que llenamos once sacos, y lo que nos costó subirlos por la ladera (no sé cuantas horas) hasta llegar a la calle donde estaba la carreta. Por fin nos fuimos para el mercado y cuando dimos vuelta en la plaza, que hoy es el parque, había una fila interminable de carretas llenas de yuca. Papá se fue a hablar, posiblemente con la persona que le había contratado la carga y cuando regresó me dijo: "sí me las compra, pero a cinco centavos la libra". Sacamos cuentas de los gastos: la siembra, la arrancada, el costo para sacarlas hasta la calle, la compra de los sacos y el alquiler de la carreta. Lo que recibió del comprador fueron cinco colones. Ya pueden ustedes ver la pérdida. Lo bueno es que a pesar de todo, Dios siempre nos amparó y tuvimos suficiente comida, hasta para darle al necesitado.

Elías Pacheco Hidalgo

El abuelo, Ñor Elías, era un artesano, albañil y labrador de piedra. Hacía pilas de concreto para lavar ropa. Participó en la construcción de puentes de piedra en muchos lugares del país. Trabajó activamente en la construcción de la Iglesia Católica de Palmares, que duró treinta años, del año 1894 a 1924.

La abuelita Mamá María

Como le decíamos, vivió siempre en La Villa de Palmares, era una mujer muy amable, simpática. Siempre que llegábamos a visitarla, se estaba tomando un jarro de café sentada en el moledero, con los pies colgando, aunque no se le veían porque usaba enaguas o vestido que le arrastraba. Nos contaba papá que le gustaba mucho leer "novenas" por la noche, aunque se gastaba mucho dinero comprando candelas. Cuando entraba a la iglesia y alguna persona se hincaba frente a la imagen de un santo, ella lo corregía diciéndole: "No lo haga, porque hincarse es únicamente ante Dios".

El abuelo de papá

José Calixto Pacheco, nació en el año 1836, murió en 1892 (de 56 años), hijo natural de Ramona Pacheco y del cura José Antonio Castro Ramírez, nació en San José centro, cerca de la Iglesia del Carmen.

De oficio escribiente, y secretario del Congreso en tiempos de Juanito Mora, le escribe una carta de renuncia al presidente Mora en la que le dice: "Con los treinta pesos que recibo de salario por mes, ya no me alcanza para seguir viviendo en San José. Me retiro a los Palmares".

Se une en matrimonio con Francisca Hidalgo Rodríguez que nació en el año 1843 y murió en 1908 (de 65 años).

En Palmares se dedica al comercio, y compra algunas propiedades con capital de su padre que era muy adinerado. Familia de los Castro Madrid y socio de minas con los Pinto y los Montealegre, las familias más ricas de Costa Rica para ese entonces.

Muere joven, de 56 años. Abuelito Elías, el papá de papá tenía 14 años, y nunca le dieron la herencia que le correspondía. Los hermanos mayores se dejaron todas las fincas y los negocios que él poseía en ese momento.

Nota: se sabe que él es hijo del cura, por una carta que le escribe a Calixto, cuando se va a casar y le dice: "No lo puedo reconocer porque la Iglesia no me lo permite". Esto me lo contó mi primo Félix Ángel Pacheco.

Mamá y su procedencia

Mamá nació en 1912 en Buenos Aires de Palmares, hija de Angélica Quesada y Gilberto Ramírez. Abuelita Angélica murió cuando mamá tenía 8 años; ella y sus hermanitas y hermanitos quedaron al cuidado de los tíos y del abuelo Lico Quesada ya que su papá, Gilberto, que no era hecho para ser jornalero y le gustaba la parranda, se fue a trabajar a la zona bananera.

El Abuelo Gilberto Ramírez

Le decíamos tatica Gilberto. Era muy alegre, amable y cariñoso con nosotros. Lo oíamos cantando "Mi morena, mi morena" cuando venía por el alto del potrero, y nos alegrábamos mucho de su visita. Siempre se quedaba en casa algunos días. Ya cuando eso era viudo porque Angélica Quesada, la abuelita, había muerto cuando mamá tenía 8 años. Papá nos decía que el abuelo había recorrido "muchos mundos", sin embargo nunca salió del país. Pero como vivió en muchos lugares con costumbres diferentes a las de nosotros en Palmares, nos llamaban mucho la atención los relatos que él contaba, y las experiencias que vivió.

Nos contaba cuentos "de miedo", de espantos y fantasmas, que luego papá nos decía que eran inventados por él para asustarnos, pero que nada de eso existía. De la Zegüa, que pelaba los dientes montando a caballo y que ya le había salido por el bajillo varias veces, cuando la noche estaba muy oscura. Del Cadejo, que le salía cuando iba a ver su mujer, que él llamaba "mi morena" y que vivía en Cerro Azúl. De la Llorona, que la oía cada vez que cruzaba el río. Del padre sin cabeza, que lo asustaba cuando se portaba mal. Y así, seguía contándonos sobre su vida y todo lo que le pasaba cuando se iba a trabajar a la zona bananera. Nos sentábamos alrededor de él lo más cerquita que podíamos para no perdernos nada de lo que decía. Alumbrados por una canfinera que parpadeaba en lo alto de una repisa. Escuchándolo, nos transportaba a lugares encantados y misteriosos; y como no había luz eléctrica, ni radio, menos televisión y nunca habíamos salido de Palmares, para nosotros era el rato más maravilloso que podíamos pasar. Me imagino similar a estar en las películas de fantasía.

Siempre andaba un bolsillito de manta cocido con

pabilo en donde traía "los siete negritos" que según él, eran los huesitos de gatos negros que había que cocinar vivos en una olla de hierro en los bajos del río Grande a media noche, donde nadie pudiera oír los fuertes gruñidos que pegaban, cuando los vaciaba del saco a la olla con agua hirviendo. Los usaba para conseguir novia, dinero y salirse de la cárcel, en donde lo metían de vez en cuando por sus borracheras. Lo mejor era que el tío era el jefe político y le dejaba la puerta abierta de la celda (decía papá). Los ojos de buey para la buena suerte, la medalla de algún santo para que lo librara del mal y las cáscaras de limón secas para la buena salud.

Nosotros no nos dábamos cuenta de las diablurillas que él andaba haciendo por allá lejos, lo queríamos mucho y pasábamos ratos muy lindos cuando venía a la casa.

Ñor Lico, el abuelo de mamá

Ñor Lico Quesada, el abuelo de Mamá, como lo llamaban, era un hombre muy adinerado, dueño de muchas fincas de café y de ganado en Palmares y San Ramón. Muy instruido. Le gustaba leer, y como era amigo del cura del pueblo intercambiaban libros o iban a San José a conseguirlos. Contaba papá que Ñor Lico le hacía los discursos a los diputados de Palmares y San Ramón.

Cuando había que ir a la finca de la Balsa de San Ramón contrataba una peonada, construía unas barracas para ubicarlos y se llevaba a mamá y a todas sus hermanitas (a las huérfanas), a preparar la comida para todos los trabajadores. Era una faena muy dura para las niñas, la cuál empezaba a las tres de la mañana y consistía en moler el maíz, hacer las tortillas y picar la leña. Contaba papá que cuando le tocaba a mamá (de catorce años) la faena, él le ayudaba. Quiere decir que por ese entonces papá estaba trabajando en esa finca y ya se conocían y se gustaban.

En la casa del abuelo pude ver la biblioteca particular más grande que jamás había visto. En otro aposento de la casa había un crucifijo casi tan grande como el de las iglesias, y un reloj de péndulo enorme dentro de un marco de maderas muy finas. Muy pocas veces, que recuerde, me quedé a dormir, y el reloj indicaba la hora con las campanadas correspondientes. Es decir que me despertaba a cada hora al oír las campanadas. Lo bueno es que si uno las contaba sabía qué hora era. En los aleros detrás de la casa había una especie de bodega abierta en donde se encontraba toda clase de comestibles. Había unos cajones largos que les decían canoas en dónde tenían los granos: frijoles, maíz desgranado, café en grano listo para tostar; y verduras: yuca, tiquisque, ñampí, y otras como los tacacos, chayotes y ayotes. A los racimos de plátano y de banano el abuelo los ponía a madurar colgando con mecates. Había un estante en donde ponían algunos alimentos procesados, y las botellas llenas de jugo de limón sin colar con las pepitas y las semillas, para que se conservaran por un tiempo. En ese corredor, en lo alto, amarrado de unas vigas, pendía el ataúd del abuelo. Ya habían puesto uno nuevo de madera, porque el anterior, de viejo se lo habían comido los bichos y el comején, al ser hecho de maderas muy suaves sin resistencia.

Por las tardes, les daba clases a los trabajadores de las fincas y a todo aquél que quisiera aprender a leer y escribir en los corredores del frente de la casa. Decía mamá que Ñor Lico, con la Biblia en la mano, iba muy frecuentemente a visitar a papá. Siempre me ha extrañado el hecho que el abuelo leía la Biblia, pues por ese tiempo la iglesia prohibía leerla. Tengo una noción muy vaga de él. No recuerdo bien su aspecto físico. Cuando enfermó, vinimos todos a verlo. Estaba en su cuarto y nos dijeron que los niños no podíamos entrar.

Muere el abuelo y bajaron el ataúd. Ya estaba un poco viejo y feo. Cuando lo levantan para poner al abuelo, papá les dice: "no les da vergüenza meterlo ahí, ustedes tienen suficiente dinero para comprar el mejor". Después de discutir entre los hijos, deciden comprar uno nuevo. Papá tiene que ir hasta San Ramón a comprarlo. Traía unas barras y bordes de lujo a los lados. Llegan al cementerio, y el ataúd no cabe en el nicho. Todos estaban preocupados porque no sabían qué iban a hacer. ¡Fue una tragedia! Mientras tanto papá se queda viendo el ataúd, y le dice al panteonero que le traiga una pala. Con ella le quita los bordes y las barras de los lados. Todos cierran los ojos, y se rascan la cabeza y dicen cosas mientras que papá empuja el ataúd dentro del nicho y le dice al panteonero: "cierre ya". Hay un silencio muy grande.

Y ahí termina en mi mente la vida del abuelo.

Buenos Aires de Palmares

*D*espués del matrimonio, papá construyó un rancho en el lote que había heredado mamá de su abuelo Ñor Lico Quesada, ubicado en medio del cafetal de uno de sus tíos, en Buenos Aires.

Contaba Claudia, mi hermana: "no teníamos luz eléctrica, ni agua de cañería. Y para el agua de uso de la familia había que ir a hacer fila y recogerla en el pozo de la casa del tío. Había que esperar hasta que ellos llenaran todos los recipientes, baldes y estañones, que se acordaban de llenar, cuando nos veían venir. Otras veces íbamos al río, que tampoco estaba cerca, mamá a lavar la ropa y todos nosotros a traer el agua en ollas y baldes".

Teníamos muchas incomodidades al estar pasando por dentro de su finca y algunas tortas se jalaban los chiquillos, puesto que Rafael, mi hermano, contaba que el tío hasta inquisidor era con ellos. A cada nada venía con quejas donde mamá, y le exigía que los castigara. No se iba hasta ver que mamá le obedeciera. Le decía: "es mejor hechos pedazos al cielo, que enteros al infierno," y que de esa manera debía corregirlos. Mamá llegó a creer que eso era lo correcto, por eso nos castigaba tanto.

Contaba mamá que el abuelo Lico Quesada era asiduo lector de la Biblia y de vez en cuando llegaba al medio día a visitar a papá, ratito que aprovechaba para leerle algún versículo, mientras papá de pie parado en la puerta se tomaba un jarro de café para luego seguir la faena. Papá hacía rondas y contrataba chapias, hasta llegar la noche. De ahí viene que a papá le gustara tanto leer la Biblia.

En este lugar vivimos 18 años y mamá trajo al mundo a Román, Mardoqueo, Teresa, Rafael, Claudia, Manuel, Benito, Carmen, Gregorio, José y Juan: ya era una gran familia de once. Un día, mamá ya cansada de vivir en ese rancho, dentro de la finca del tío, en donde había tantas incomodidades, le dijo a papá que ya no quería seguir viviendo allí, y que se la llevara aunque fuera debajo de un árbol.

El Alto de Candelaria

$\mathcal{E}$ra el año 1946 cuando nos fuimos para el Alto de Candelaria, a una finca que papá le iba administrar a tío Gregorio, hermano de mamá. Tenía yo dos años, y todavía recuerdo la belleza de ese lugar. Estaba entre Palmares y Atenas, con unas vistas maravillosas. Cuando el día estaba bien claro se podía ver parte de Puntarenas y el Golfo de Nicoya.

La casita en donde llegamos a vivir estaba muy cerca de un riachuelo con agua cristalina. Por medio de unas canoas de bambú se traía el agua por desnivel hasta la cocina. El potrero empezaba cerca y había lomas en donde nos deslizábamos con sacos y hojas de palmeras, hasta llegar al bajo. Las cercas eran de árboles de jocote y cuando venía la cosecha era algo maravilloso, todo se pintaba de amarillo y rojo, y nos dábamos las grandes comilonas. Contemplar el paisaje desde ese alto, en una tarde de verano era algo esplendoroso. Para nosotros ese lugar era como vivir en un paraíso. Ya me imagino para mamá.

Cuando venían a la casa Edgar Arias y el papá a quedarse unos días con nosotros, era algo fabuloso porque Edgar tocando la guitarra y el papá la concertina, se acoplaban muy bien. Y más lindo era oírlos cuando llegaba Paquillo, que tocaba la guitarra maravillosamente y los acompañaba, conformando un gran conjunto musical, que nos hacía pasar tardes estupendas. Qué tiempos tan lindos pasamos, disfrutando de la música de estos señores que llegamos a admirar tanto. Otras veces llegaban los Arrollo: papá e hijos, todos cantando, tocando guitarra, acordeón y otros instrumentos musicales. Nunca faltaban las maracas y la dulzaina. Esos momentos fueron tan bellos y fantásticos, casi como estar en el cielo. Recuerdo una vez que llegaron por la noche, era como una especie de serenata, entraron a la sala y se pusieron a tocar, estaba yo muy niño. Me levanté corriendo y papá me alzó en sus brazos para que los pudiera ver mejor.

También llegaban en vacaciones tío Calixto, su esposa Blanca y las dos chiquillas: Elida y Elvia, y que alegría nos daban. Siempre recordaremos las bolitas de vidrio de diferentes colores, unas pequeñas y otras grandes que nos traían de regalo. Gregorio no jugaba con ellas, las guardaba, supongo que las apreciaba mucho.

Pasaba muy poca gente por el frente de la casa. Claro, como vivíamos dentro de la finca, solo las personas que venían directamente a buscarnos para pedir algo u ofrecer los servicios de reparación, como don Rosendo, el remendador o soldador de ollas. Mamá le alistaba un poco de ollas, unas con huecos, otras con golpes y escarapeladas, que no se botaban nunca. Las alisaba con lija, las soldaba con cautil y quedaban como nuevas. Nos sentábamos cerquita porque nos gustaba mucho verlo trabajar. De vez en cuando pasaba don Herminio, que reparaba relojes, viejo, flaco y desgarbado. Usaba anteojos de culo de botella. "Negro," el perro grande que teníamos, al sentirlo venir, se iba para el portón de la entrada de la casa que distaba como a 50 metros y se ponía a latirle, no lo dejaba pasar; seguro no lo quería, y nunca supimos por qué.

Este perro, al que le decíamos "el Negro", era muy grande y fornido, cuidaba muy bien la casa y sus alrededores. Era impresionante verlo llegar a la puerta de la casa, después de un buen aguacero, trayendo en el hocico un tepezcuintle u otro animalito que casaba en el monte. No lo pudimos traer cuando nos fuimos para La Cocaleca porque papá tenía miedo que fuera a causar algún daño, y lo cambió por una cajuela de frijoles. Eso nos dijo papá a los chiquillos, pero hace poco los hermanos y hermanas mayores nos contaron la verdad: Herminio lo había envenenado.

Tengo que mencionar a Toño, que recuerdo era el vecino más cercano, aunque había que caminar bastante trecho para llegar a su casa; hacía buen contrabando que lo diga Rafael y qué no se diga de Manuel. Ahí no había restricciones de edad para invitar a saborear el néctar prohibido porque un día todos los chiquillos que andábamos con Manuel visitando a Toño veníamos "borrachiticos". Dice Rafa que cuando nos vio venir por el potrero, salió corriendo a toparnos y a escondernos de mamá, mientras nos bajaba la gran juma.

El día de mi confirmación nos alistamos temprano; era un domingo y había que ir a la iglesia de La Villa. Nos fuimos por dentro para acortar el camino. Cerca de dos horas caminando entre fincas, por trillos que utilizaban dentro de los potreros y pastizales. Abuelo Gilberto estaba con nosotros, pasando unos días, y lo nombraron mi padrino. Como había que caminar por trillos entre los pastizales, iban cortando la hierba más alta para poder pasar. Nos acompañaban papá, el abuelo Gilberto, Benito y otros que no recuerdo bien. De pronto vi que se movía el zacate y se nos cruzó una gran culebra que pasó sobre el empeine de mi pie descalzo, haciendo como un giro. Todavía cuando me acuerdo, siento escalofríos.

Bueno, así vivimos dos años en ese bello lugar, disfrutando de las bellezas de la naturaleza, que llevo en el alma. Pero la vida no era solo disfrutar, había que ir a la escuela y quedaba muy lejos. Papá siempre quiso que nosotros estudiáramos, y decidió trasladarnos a un lugar en que nos quedara más cerca la escuela. Por esa razón nos fuimos a vivir a un pueblito que se llama la Cocaleca de Esquipulas, más cerca de La Villa y solo a cuarenta y cinco minutos de la escuela Ricardo Moreno Cañas, en el Rincón de Zaragoza, a la que asistí hasta el cuarto grado.

La venta del lote

Papá y mamá se fueron donde el tío a negociar el lote que le había dejado de herencia su abuelo Lico Quesada.

Ya en alguna oportunidad les había ofrecido un cambio, como lo hizo con los y las hermanas, dándoles una máquina de coser o de moler maíz o algunas monedas a cambio de la herencia que como a mamá, les había tocado. Eran lotes colindantes dentro de la finca. Ya el tío otras veces nos había hecho la misma oferta que a los demás. Mamá y papá llegaron donde el tío a venderle su lotecito. Él salió corriendo a traerles la maquinita de coser que valía doce pesos (me parece que ya la había comprado y la tenía lista, para cuando mamá llegara, que era la última que faltaba). Papá le dijo que ya teníamos máquina de coser, y que el precio del terreno era dos mil colones, cantidad necesaria para comprar el terreno que nos vendían en la Cocaleca. Después de estiras y encoges, revolcones y de decir mil veces: "¡A los picuecos!" Como era su acostumbrada expresión, les dio el dinero y así compraron el terreno de la Cocaleca, en donde se construyó el gran rancho. Esto pasó al principio del año 1948 cuando nació Carlos y estábamos en plena guerra civil: José Figueres contra Rafael Ángel Calderón Guardia.

El rancho de la Cocaleca, 1948

*P*apá y Rafael alquilaron una carreta y se fueron para San Ramón a conseguir las tablas para hacer los tabiques del rancho. Fue una odisea porque como estábamos en plena guerra civil era muy peligroso andar por las calles, y menos giras largas como la que tenían que hacer para ir hasta San Ramón. Tenían que tener mucho cuidado porque a veces en La Villa se oían las balaceras. Y en San Ramón más aún, porque había un contingente conformado por los Orlich. Contaba papá que en esos días, el presidente Calderón Guardia puso un anuncio en el periódico que decía: "que no se moleste al trabajador"; él lo recortó y se lo iba mostrando a todos los que lo paraban. Cuando llegaron a San Ramón, el depósito de madera estaba cerrado; el dueño se había ido a esconder a la montaña como muchos, porque estaba siendo perseguido por un grupo que llamaban los matones. La suerte es que fueron a hablar con la esposa, le contaron a lo que iban y entre papá y Rafael midieron la madera, le dejaron el dinero y se trajeron las tablas. La carreta venía llena, más arriba de los parales y de vez en cuando en el camino de regreso los paraban, ya fuera de un partido o del otro, para revisar que no llevaran algún recado para el contrario. Y así, una vez que ya tenían las tablas, los horcones, las varillas de caña brava, y los clavos, entre Rafael, papá y algún peón que llegaba de vez en cuando a ayudarles, construyeron el gran rancho. Fue maravilloso estrenar casa, sentir los olores de los tabiques cubiertos con tablas anchas acabaditas de aserrar, de la paja recién cortada que cubría un techo muy alto. El techo de la cocina era de tejas, así se evitaba que fuera a prender fuego ya que se cocinaba con fogón de leña. La tierra fresca cubría el piso, la pisoneaban hasta dejarla lisa y luego la lujaban hasta que parecía de losa. Los dormitorios eran grandes y se les podían meter varias camas. Las camas se cubrían con esteras nuevas, hechas de venas de hojas de banano, que secaban y unían con bejuco o mecate de cabuya formando como una especie de petate, grueso y se sentía un olor muy especial que disfrutábamos cuando nos íbamos a acostar. El corredor era muy importante: se construían unas bancas a lo largo para recibir a los visitantes. Papá pintaba tableros y tresillos, y ahí se sentaban de un lado y del otro los contrincantes. Se debatían en intrincadas luchas hasta llegar la noche, y había que parar porque no había luz eléctrica.

Para mí los años que vivimos en el rancho fueron muy lindos; hoy después de tantos años, solo bellos recuerdos afloran de mi mente y un gran sentimiento en mi corazón.

Las vivencias del rancho

Papá hacía unas canfineras cortando una botella de vidrio por la mitad y llenándola con canfín. Le ponía una tapa con un hueco al centro por donde salía la mecha. Cuando salíamos por la noche usábamos la carbura* para alumbrarnos, y muy pocas veces candelas de parafina o un foco porque salía muy caro.

El patio

Como en el campo hay toda clase de bichos, un poco más que en la ciudad, papá decía que no se debía sembrar <u>árboles cerca</u> del rancho porque son peligrosos y produ-

---

* La carbura era una lámpara que se encendía con carburo. Consistía básicamente en un tubo o cilindro con dos recipientes, el de arriba se llenaba con agua y el de abajo con unas piedritas grisáceas de un material llamado carburo de calcio. Al caer gotas de agua sobre el carburo se producía una reacción química y se desprendía un gas llamado acetileno. Este gas, al ser encendido producía una llama de uno a dos centímetros que era uniforme, cálida y agradable. Alumbraban como focos y lo bueno era que no se apagaban con la lluvia ni con el viento.

cen humedad. Dejó un espacio de por lo menos cinco metros alrededor del rancho libre de monte, de arbustos y ramas. Las gallinas durante el día todo se lo comían, y lo que no se comían lo espantaban. No dejaban crecer o pasar absolutamente nada para la casa: ni cucarachas, ni hormigas, ni chinches, ni ratones. Ahí mamá les sonaba la palangana con una cuchara y se venían todas revoloteando alrededor de ella a comer el maíz que les echaba.

Lo interesante es que dependiendo del bicho que se acercara así cacareaban y ya mamá les entendía de lo que se trataba. Cuando estaban en peligro todas se reunían y cacareaban muy rápido haciendo un ruido especial. Cuando estaban asustadas, si se trataba de una culebra, todas la rodeaban aleteando alrededor y tratando de picotearla para que se alejara.

Una vez, una culebra se alojó en la troja en donde estaba la leña. Mamá con la escoba trataba de espantarla y cuando metió la escoba entre los leños, para tratar de sacarla, la culebra se vino por la escoba y casi la pica. Nosotros estábamos muy asustados. Me imagino que las que merodeaban por allí no eran muy venenosas.

Algunas veces, aparecía una gallina culeca (clueca) y mamá nos mandaba a seguirla para ver a donde estaba anidando. Otras veces, desaparecía alguna de las gallinas y al tiempo venía del cafetal con una fila de pollitos de todos colores, a presentárselos a mamá. Nosotros les poníamos nombres y los señalábamos con el dedo para decir: "ese es el mío". A todas las gallinas se les ponía nombre, ya fuera por el color, tamaño, el plumaje: la cui-

jen, la café, la pintada, la blanca, la renca, cola larga, cola pintada y así las íbamos distinguiendo. Los gallos eran grandes y hermosos con sus crestas rojas, como infundiendo respeto. El canto de las cinco de la mañana anunciando la aurora, era inconfundible. Luego se oía a lo largo el cantar de los gallos de los vecinos, respondiendo.

"Y el trinar del gallo del campo que nunca estudió escalas, me parece hermoso".

Walt Whitman (1819 - 1892)

El escusado quedaba a 10 metros de la casa. El problema era que cuando llegaba la noche y llovía, o hacía mucho viento, las canfineras y las candelas se apagaban. Había que tirarse un "pelero" encima y salir corriendo a oscuras para hacer la necesidad. Para nosotros los más niños era difícil usarlo por el peligro de caer en el hueco, y también por los malos olores. Nos daba mucho asco, a pesar de que papá siempre le echaba cal y carbolina. Algunas veces usábamos el cafetal que quedaba detrás de la casa, decíamos: "voy pa' fuera". Pasábamos por la estiba de olotes, cogíamos uno o dos y salíamos corriendo. Cuando el olote se secaba se ponía muy duro y nos chollaba mucho. Teníamos que buscar algunas hojas de arbustos dentro del cafetal que algunas veces por la prisa no escogíamos bien, y solo nos dábamos cuenta por el ardor, ahí atrás, que eran hojas de ortiga. Otras veces eran las gallinas, y por eso había que tener un chilillo listo para espantarlas.

La ducha, que la verdad no teníamos, era un tubo, colgado un poco más alto que la altura de la pila, sobre un planchecillo con una tabla. A veces corrían una sábana, y ahí se bañaban. A nosotros los niños nos bañaban en una batea de madera que ponían sobre la pila de lavar ropa. Nunca se me olvida cuando nos enjabonaban el pelo. Para que el jabón no nos cayera en los ojos, nos echaban para atrás la cabeza. Yo sentía que todo me daba vueltas y me asustaba mucho.

El Pueblo (1948-1954)

La Cocaleca es un pueblito ubicado entre Zaragoza y Esquipulas de Palmares de Alajuela. Las calles eran de tierra: en invierno los barriales y polvo en el verano. La pulpería, que papá le alquiló por un tiempo a Otoniel Solórzano, era el único lugar en el que había radio de baterías porque no había luz eléctrica y en donde se reunían los vecinos. Era un pueblito poco poblado. Se podían contar las familias que lo conformaban: los Solórzano, que eran la mayoría, los Castillo, los Rojas, y los Murillo. Había una familia Moya, del otro lado del cafetal: Vilo, Sofía y la güilada que vivían dentro del potrero que quedaba frente al rancho.

Una calle nos llevaba a La Esquina de Zaragoza. De un lado estaba el cafetal de don José Sancho, en donde vivían tía Caridad, Augusto y su familia. Del otro, los potreros y la casa de Chepillo Solórzano. Y llegando a la esquina de la Cocaleca era donde estaba la pulpería. Diagonal estaba la casa de Daniel Solórzano hijo, la cual pudimos ver cuando la estaban construyendo con tablillas de pochote y cedro; maderas que emanaban un olor muy especial. Por la calle que va al Río Grande vivía la familia de Manuel "Clucas" Solórzano, Marcial "Pasito" y Víctor el hijo, que era muy tequioso. Y ya muy abajo, siguiendo la calle hacia el Río Grande, vivía Lolo, casado con Beleida Ramírez, prima de mamá. Por la calle que va a La Villa vivía Adán Solórzano, que tenía una familia más grande que la de nosotros. Un poco más hacía el centro de La Villa, después de pasar el río, en la vuelta, estaba la casa de doña Nicolasa, la mamá de los Solórzano. Cuando pasábamos nos regalaba chayotes cocidos, de esos que son bien secos, unos para nosotros que los íbamos comiendo en el camino y otros para mamá.

La finca de café de don José Sancho

Venía la época de las cogidas de café y en los cafetales se reunían todas las familias del pueblo. Era lindo oír a las mujeres cantando dentro de los cafetales. Por las tardes, cuando terminaba la faena, los cogedores, hombres y mujeres salían a los callejones cargando los sacos con el café que habían cogido durante el día. Esperaban al mandador para que les midiera cuantas cajuelas y cuartillos habían cogido ese día y a recibir los boletos que se cambiaban el sábado. Ahí era el lugar y el momento para compartir y conocernos mejor; siempre había mucha algarabía. En los cafetales encontrábamos muchos árboles frutales que se sembraban para darle sombra al café: guaba, guanábana, naranjas, limones, matas de banano y plátano. Todos los chiquillos de La Cocaleca los recorríamos, ya sea dejando almuerzos o recogiendo y juntando café.

Veíamos los racimos de banano en la mata, ya algunos estaban maduros. Nos subíamos a algún árbol de guaba que estuviera a la par, le arrancábamos los maduros y dejábamos el resto para otra pasada. Los racimos de banano en la mata se van madurando muy poco a poco. Así que, los primos Toño y Enrique hacían huecos en los lomillos del cafetal y cubrían los plátanos verdes con tierra y hojas del mismo. A los días los íbamos a sacar, y se veían amarillitos, bien maduros y su sabor tan dulce hacía de ellos un manjar.

Los Juegos con la primada

Nos juntábamos con la gran primada de los Sancho Ramírez, en la casa vieja a jugar "el punto y escondido". Recuerdo que se iban en parejillas y se metían dentro del cafetal para esconderse y se quedaban un buen rato.

Un día nos pusimos a jugar tirándonos baldes de agua y quedamos empapados; yo de seis años, me quité la ropa y corrí chingo por toda la casa. Claro que me acusaron, y mamá me mandó a confesarme.

A mí me gustaba mucho el "juego de paleta", que era similar al de béisbol pero con una bola de tenis y una paleta de pimpón.

Jugábamos también "Mirón, mirón, mirón" "¿De dónde viene tanta gente?" "Mirón, mirón, mirón, de San Juan y San Vicente". "Que pase el rey, que ha de pasar"… Había que hacer una fila. Dos de nosotros, colocados uno frente al otro, juntaban los brazos arriba, formando un arco y el resto de los chiquillos iba pasando por debajo. Cada uno de los que formaban el arco tenía el nombre de una fruta. Por ejemplo, Claudia era naranja y Rafael, mango. Y cuando uno iba pasando debajo del arco le preguntaban: "¿qué quiere: naranja o mango?" Los que decían mango, iban detrás de Rafa y los que decían naranja detrás de Claudia. Y así se iba formando una fila detrás de cada uno. Al final, los que formaban el arco se cogían de las manos jalando al otro, y todos los de la fila jalaban al mismo tiempo hasta reventar la cadena.

Otro juego popular era: "¿De dónde viene tanta gente?" "De Nueva York". "¿Qué oficio traen?" "¡Ya lo verán!" Y así se formaban dos grupos, colocándose uno frente al otro. Uno de los grupos se ponía a hacer ademanes emulando algún arte o trabajo. Cuando los contrarios adivinaban, saltaban todos hacia el grupo contrario para tratar de robarse algún miembro, y se encarnizaba una lucha para no dejar que se lo llevaran.

Los juegos de "chócolas" se jugaban metiendo la bolita de vidrio en los huecos que hacíamos en la tierra. Me acuerdo que era un cuadrado de un metro, y en cada esquina había un hueco. Hacían una raya en el suelo a dos metros de distancia del primer hueco, y desde ahí tiraban cada uno la bola de vidrio. Había que meterla en el primer hoyo, y así, ir metiendo la bolita en cada uno de los huecos. Cuando no la metían y quedaba cerca del hoyo, el otro que venía detrás podía pegarla y mandarla lejos, y desde donde quedara la bolita, el chiquito tenía de nuevo que tratar de meterla en el hoyo que correspondía.

En los juegos de trompos y la "mancha brava" se veía con qué coraje tiraban los trompos. Tenían la puya grande y bien filosa, para destrozar el trompo del contrincante.

Para jugar "sacar del círculo", había que hacer un círculo grande en el patio de tierra, y en el centro colocar monedas de cinco centavos, que eran muy pequeñitas. Si uno sacaba alguna moneda del círculo con el trompo, se la podía dejar.

También se usaba un trompo para jugar "el pasa rayas". Había que pasar una raya en el suelo. Todos se colocaban detrás, y tenían que picar el trompo detrás de la raya. El que lo mandara más largo, y si caía bailando, ganaba. Era muy lindo. Me recuerdo de Rafa cuando levantó el trompo y lo mandó por encima del rancho, y este cayó bailando del otro lado.

Como éramos tantos, a los más pequeños papá nos hacía los trompos del palo de café. Claro que no eran tan bonitos como los comprados, que los hacían de cocobolo o de cenízaro barnizado.

A encumbrar papelotes:

Salíamos de vacaciones, ya se asomaba el verano a finales de noviembre y venían los vientos alisios, que era una época preciosa para nosotros los niños. Papá nos preparaba los papelotes, a los que nosotros llamábamos barriletes. Hacíamos unos con papel de envolver pan. Se hacía el esqueleto con varillitas que sacaban del bambú y se amarraban con pabilo formando como los rayos de una bicicleta. Tenían que quedar uniformes para poder

Para jugar "sacar del círculo", había que hacer un círculo grande en el patio de tierra, y en el centro colocar monedas de cinco centavos, que eran muy pequeñitas. Si uno sacaba alguna moneda del círculo con el trompo, se la podía dejar.

elevarse. Las colas las hacían con tiras de ropa vieja. El problema era que a veces no teníamos hilo y teníamos que usar el viejo que habíamos guardado desde el año anterior con muchos nudos que se nos reventaba a cada rato. Nos íbamos a encumbrarlos a los potreros de Chepillo y Adán Solórzano. Me acuerdo una vez que los hijos de Adán Solórzano hicieron uno gigante, que para encumbrarse tenía que hacer mucho viento. Nos íbamos a una loma a esperar el viento y cuando venía, salíamos corriendo loma abajo para coger impulso y poderlo elevar. Como era tan grande, tenían que usar pabilo y claro, no se había elevado ni cincuenta metros cuando se reventaba y había que ir a recogerlo y tratar de encumbrarlo de nuevo. Así pasábamos las tardes de verano. ¡Qué recuerdos más bellos que quedaron grabados para siempre en mi mente!

En la Cocaleca nacen Miguel y Bernardita, y se engendra Lidiette, que viene a nacer en San José.

Mi Primera Comunión (1951)

*H*acer la primera comunión para un niño era algo de lo más importante en su vida y a la vez cumplía con uno de los principales sacramentos de la Iglesia Católica. Era el día en que los chiquillos y las chiquillas estrenábamos ropa.

Me acuerdo que yo vestía camisa blanca de manga larga y pantalones largos de color azul. Las niñas tenían vestidos blancos con paletones que les querían llegar al suelo. Llevábamos un lazo blanco en el brazo izquierdo y un librito empastado de blanco, muy bonito.

Todas las bancas de la iglesia estaban separadas para nosotros, unos guías nos indicaban el lugar en donde debíamos sentarnos y aunque no estaban ni la mamá, ni el papá, ni el hermano mayor sentados a la par de uno, había que quedarse quietecitos por el respeto que se tenía al estar dentro de la iglesia que era un recinto sagrado. Comenzaba la ceremonia y el cura se echaba un sermón que ningún niño de mi edad entendía y lo peor era que lo alargaba tanto que para uno era interminable. El problema era que como teníamos que venir sin desayunar y no se podía tomar ni agua antes de la comunión porque era malo, algunos niños caían desmayados de debilidad. Llegaba la hora de hacer la fila para recibir a Cristo en la Hostia. Teníamos que llevar las manos juntas como cuando uno decía el bendito. Era un momento sublime. Nos levantamos de la banca con la cabeza en pose de genuflexión, jamás volver a ver para algún lado y menos para arriba. Y que no se le ocurriera meterle un mordisco a la hostia, se la ponían en la lengua y uno tenía que esperar hasta que se le humedeciera lo suficiente y como era tan delgadita uno se la podía tragar. Era muy reconfortante porque uno confesado, estaba limpio de pecado y eso le aseguraba recibir la Hostia, y Cristo estaba con uno. Ese día y los siguientes había que tener mucho cuidado de no decir malas palabras y menos mentir o hacer algo que pudiera ofender a Dios, porque estaba presente en nosotros.

Después de la ceremonia pasamos al salón Jocista que estaba detrás de la iglesia, y ahí nos tenían listo un refrigerio para cada uno: café y en una servilleta envolvían unos panecillos y galletas. Se armó una algarabía porque éramos un montón de chiquillos pidiendo, gritando y recogiendo la bolsita con el refrigerio.

Cuando pude salir del salón Jocista, recuerdo que salí corriendo para la casa de abuelita Mamá María quién vivía detrás del mercado. Siempre nos recibía con tanto cariño y dulzura. Le dije que tenía que quitarme los zapatos porque ya no los aguantaba. Se quedó viendo mis talones todos chollados y sangrando; los dedos de los pies los tenía encogidos y me dolían de manera insoportable. Mamá María me puso alcohol y con unas tiras de manta me envolvió los talones. Ese fue el sacrificio que tuve que hacer por lucir los zapatos que mi familia guardaba con mucho esmero. Eran los únicos zapatos existentes en la casa, y ya los habían usado Benito y Gregorio en años anteriores cuando hicieron la primera comunión. Ellos tenían el pié más pequeño que el mío y para peores, estaban guardados y se habían puesto duros y tiesos.

Salimos de donde Mamá María y decidimos irnos por la calle empedrada a Zaragoza que era más largo. No nos fuimos por la calle de tierra por el problema de mis pies. El asunto era que no podía pasar por las casas de los más conocidos a recoger los cincos que le daban a uno al pasar de casa en casa: premio que recibía uno por haber hecho la primera comunión. Pero siempre hay milagros. Pasamos por la esquina, que le decíamos al centro de Zaragoza, y cogimos la calle de la Cocaleca. Había que pasar por el frente de la casa de Isaías Solórzano que era el hombre más rico en toda la trayectoria, pero nadie nos recibió. Al lado vivía Eida, una de las hijas, que sí me recibió con mucho cariño, me trajo un vaso de agua con un pedazo de dulce y me dijo "ya vengo"; se fue para adentro, y cuando volvió me dio una peseta, que para ese entonces era un montón de plata. Era algo emocionante para un chiquillo tener una moneda de 25 centavos en la mano (las monedas de 25 centavos eran de plata). Al seguir me dije que si alguien me regalaba algún otro cinco muy bien y si no, ya estaba contento con lo recibido.

Mi Segunda Confesión

Hice mi primera comunión en diciembre de 1951 y estaba muy contento porque ya podía seguir confesándome para poder comulgar. Me parecía algo especial, aunque no entendía el misterio que encierra, y sigo hoy sin entender.

Entraba la Cuaresma y mamá nos dijo que teníamos que ir preparando el camino y estar confesados para la Semana Santa. Aunque había pasado poco tiempo de haber hecho la primera comunión, teníamos que confesarnos de nuevo porque ya teníamos nuevos pecados, y para comulgar había que estar limpio de pecado. Tenía que confesarme y el padre Oña, que ya estaba viejito, era muy bravo (chichoso) con los chiquillos. Mamá me dijo que fuera escribiendo la lista de pecados para que no se me olvidara alguno, ni me pusiera nervioso cuando llegara al confesionario. Comencé a prepararme desde la mitad de la semana y ya para el sábado tenía una lista de pecados bastante grande; entonces mamá me dijo que tenía que subrayar los más graves o mortales, porque los veniales no importaban tanto. Ese sábado por la tardecita enrumbamos para La Villa, había estado lloviendo mucho y la calle estaba muy embarrialada porque los caballos y las carretas habían hecho del barro chocolate. Como era costumbre, primero íbamos a saludar a la abuelita Mamá María, que vivía en La Villa, lavarnos los pies y recibir los últimos consejos para llegar más tranquilos al confesionario. Yo estaba intranquilo y un poquito nervioso, y los moquillos se me salían de vez en cuando, pero lo bueno era que llevaba el pañuelito blanco que me habían regalado cuando hice la primera comunión. Nos fuimos para la iglesia, a donde se entraba por las puertas laterales. Ya cerca de la puerta de entrada iba a sacar el papelito con la lista de pecados y cuál fue mi sorpresa, no lo encontré. Seguro como yo de vez en cuando sacaba el pañuelo para limpiarme la nariz y el pantalón tenía solo una bolsa, en una de esas boté los pecados. No se imaginan la preocupación tan grande que invadió mi alma y era por los pecados más graves, los subrayados, pues ya no me recordaba de algunos. Me quedé estático, de pronto me llamó la atención algo que se veía en los jardines y alrededores: eran los papelillos rotos de las listas de pecados de los que ya se habían confesado. Tuve suerte porque al ir buscando entre todos encontré uno todo arrugado, pero sin romper. Lo desarrugué con mucho cuidado y empecé a ver que ise podían leer! Qué alegría sentí, revisé los pecados de la lista y claro, seguro eran de un niño de mi misma edad porque en mucho coincidían con los míos; la lista era un poquito más larga y venían algunos pecados un poquito más graves que los míos, pero iy diay! Era lo único que tenía a mano. Claro, recabando según cuentas de mamá, la penitencia a recibir era rezar tres

Padrenuestros y el Credo, pero como la lista era ajena, y venían un poquito más de pecados, sumaron a la penitencia dos Ave Marías.

José y la Jú

$\mathcal{E}$ ste relato lo contaban mamá y todos mis hermanos mayores:

La Jú era un pajarito que cantaba diciendo: "jú jú, - jú jú", por eso le llamaron la Jú.

Muy pocas veces lo escuché, pero mamá y mis hermanos mayores sí lo conocían bien. Este pajarito aparecía cantando: "jú jú, jú jú" en lo alto de un árbol cercano a alguna casa, antes de que alguien muriera. Casi siempre era que había alguien muy enfermo y él avisaba que pronto nos dejaría.

Lo difícil de entender fue lo que sucedió cuando murió José. Les voy a contar quién era José.

Un día llegó el abuelo Gilberto, el papá de mamá con un niñito recién nacido, envuelto en una manta y se lo dio a mamá, quien quedó sorprendida. El abuelo le dijo: "Emma, aquí te traigo a José, y necesito que usted lo críe, porque su madre acaba de morir." (Tengo que recordarles que el abuelito era viudo porque la abuelita Angélica ya había muerto, y él tenía sus amiguitas. También quiero decirles que mamá ya tenía nueve chiquitos). Al recibirlo dijo: "En donde hay comida para nueve, una boca más no se nota."

Así fue que mamá cuidó a José, como un hijo más. Hasta que un día mamá veía que el niño se notaba cada día más triste y más triste, y decía que seguro le hacía falta la mamá. Pero algo que les llamó la atención y les asustó, fue que comenzaron a oír en un árbol cercano el canto de la Jú. Papá, como no creía mucho en lo que contaba la gente, les dijo que no le hicieran caso y que no le pusieran atención. Pero qué va, era cierto, porque José que ya tenía tres añitos, en una mañana triste, sentado en un banquito oyendo el canto de la Jú, apareció muertico. Y así decían: "la Jú se lo vino a llevar".

Por esos días mamá iba a tener otro bebé a quien al nacer le puso el nombre de José. De eso hace 80 años.

El día que
me perdí

Recuerdo que eran como las nueve de la mañana de un día entre semana, del año 1950, tenía 6 años. Creo que estaba de mayor de la casa en ese momento porque los demás andaban trabajando o estarían en la escuela. Llegó Mardoqueo, mi hermano que vivía en San José, y le urgía hablar con papá. Recuerdo que mamá se quedó viéndome, esperando que le dijera que yo sabía en dónde estaba. Yo salí corriendo y de lejos oí la voz de mamá que decía: "en el llano, en el llano". Yo creía que papá estaba en la finca del Plan, y corrí hacia ese lugar, cuando llegué me asusté porque en esa finca no había nadie y como hacía un tiempillo yo le había llevado el almuerzo a la finca del bajo del Río Grande, corrí hasta allá. Antes de llegar al río, a un lado de la calle, había un pastizal muy alto. Mi pensamiento en ese momento era que los peones y papá estaban del otro lado del pastizal, en el potrero de Isaías Solórzano, el papá de Roger, que luego sería el esposo de Claudia mi hermana. Me quedé viendo el pastizal que según yo medía tres metros de altura y como 50 metros de ancho. Me metí apartando el matorral para un lado y otro, iba haciendo un caminito y seguía y seguía hasta que salí al otro lado del pastizal. Quedé al frente del potrero, en donde iba a encontrar a papá. Al ver aquella desolación me desesperé, me desorienté y mi mente quedó confusa. Recuerdo que el potrero iba paralelo entre el cañón del río y el pastizal. Era una franja como de unos doscientos metros de ancho y quinientos metros de largo, a veces muy peligroso porque había un farallón que iba a dar al río. Solo recuerdo que corría para un lado y otro a lo largo y ancho llamando a papá, trayecto que recorrí, como cien veces. Oí voces a lo largo, creía que me llamaban y me iba corriendo gritando para que me pudieran oír. Entonces me devolvía una y otra vez, en dirección al lugar en donde creía que me llamaban. Seguro era el eco de mis gritos llamando a papá. Hasta que llegó un momento en que ya la voz no me salía, estaba tan cansado que no podía caminar. Estaba completamente exhausto. Tal vez tenía unas ocho horas de correr para arriba y para abajo, llamando y respondiendo a los llamados. Como a las cinco de la tarde, me quedé viendo una gran piedra negra, era una laja plana, posiblemente de unos 70 centímetros de altura, que estaba a mitad del potrero y fui a sentarme en ella. Los ruidos de los animalillos del bosque, las chicharras, el sonido del río, tan fuerte y persistente, se me quedaron grabados para siempre. El viento en los pastizales y no recuerdo cuantas cosas más me martillaban los oídos. La mente me daba vueltas y las nubes se me venían encima. Entonces me di cuenta que estaba muy cansado, agotado completamente y comencé a ver que oscurecía y que había llegado la noche. Recuerdo que no sentía miedo de los relatos de los cuentos que estaban de moda en ese tiempo como: el Cadejo, la Llorona, la Zegüa, las Brujas, los Duendes, el Cuyeo y otros diablillos que me hubieran hecho temblar de miedo en otro momento. Pero yo creo que en el estado en que me encontraba no había lugar en la mente para acoger esos pensamientos. A esa edad, uno cree que todas esas cosas existen de verdad. A ratos sentía que me iba, y la mente divagaba y se me quedaba en blanco; me parece que era un tipo de defensa para poder resistir. Quería levantarme pero no podía dar un paso, no tenía energía, no podía moverme, creo que me estaba dando por vencido y ahí me quedé dormido acostado en la piedra. Horas después comencé a oír ruidos y voces que venían del pastizal, las había oído durante todo el día. Ya era de noche, recuerdo que no estaba tan oscuro, seguro había estrellas o la luna. Yo seguía oyendo las voces y los ruidos más claros y cercanos, pero no podía contestarles, ni salir corriendo hacia ellos. No se me olvidará nunca ver las sombras que venían hacia mí y distinguir a Benito, mi hermano, que alumbraba con una carbura y me llamaba. Yo no podía contestar ni moverme hasta que llegaron donde mí. No recuerdo más de lo que pasó después; muy vagamente me parece oír a mamá comentando que no podía hablar y que estuve muy nervioso como por ocho días. No recuerdo haber escuchado a alguien más hablar o comentar acerca del incidente, que pareciera no haber tenido mucha relevancia en los recuerdos familiares. Ahora quedan únicamente los míos que con mucho gusto comparto con ustedes.

Lo que me ha extrañado siempre es que no me devolviera para la casa, si yo había llegado ahí solo, ¿por qué no pensé en que podía regresarme? No entiendo cómo me encerré en ese pequeño mundo, del cuál nunca salí.

Manuel y el rosario

*C*omo les he contado, el único radio (de baterías) que había en el pueblito era el de la pulpería, en donde algunas veces, y con el permiso de mamá y papá, podíamos ir a escuchar la comedia de doña Chona y don Tranquilino (Rafaela y Zoilo Peñaranda) que daban a las seis de la tarde. Cuando las pasaron para las siete, ya no las podíamos oír porque era la hora del rosario, al que le añadían la hora santa, la pasión y algunas veces el trisagio, y para mayo que era el mes de María, teníamos que ir a las celebraciones a la parroquia, que se llevaban buen rato y buenos rezos. Nos regresábamos a la casa esperanzados de que posiblemente como ya habíamos rezado el rosario a la Virgen María, no teníamos que rezarlo en la casa. ¡Qué va! Se hacía y con más fervor. Una noche Manuel se quedó escuchando la comedia y llegó a la casa acabadito de terminar el rosario; ya estábamos acostados porque apagaban las canfineras apenas terminábamos de rezar. Se oyó la voz de mamá que le dijo: "Manuel, hínquese a rezar el rosario y bien duro, que lo podamos oír todos". Recuerdo oír la voz de Manuel que rezaba bien fuerte, y yo mentalmente lo acompañaba porque pobrecillo, tener que rezar solo. De pronto se iba apagando la voz y cada vez la oía más y más lejos por el sueño que yo tenía y, aunque hice el esfuerzo, me fue imposible acompañarlo en todo el rosario.

Las Celebraciones

Como no se celebraban los cumpleaños porque éramos muchos y porque no se acostumbraba, entonces se celebraban el día del Carmen, el día de Santa Teresita, el día de Santa Lucía y el día de San Rafael. Eran días especiales, una gran fiesta, más para nosotros los niños: venían los músicos con guitarras, mandolina, acordeón y maracas y se armaba el baile.

El día del Carmen hacían melcochas. Carmen, mi hermana, y las demás muchachas subían a una lomita en el potrero de Chepillo, desde donde las tiraban y todos los chiquillos corríamos y saltábamos a ver quién cogía más. Casi siempre lo hacían en esas tardes de verano que en el campo eran maravillosas.

El día de Santa Teresita hacían el pan de Santa Teresita que lo llevaban a bendecir. Era un pancito bien aliñado, delicioso. Recuerdo a Teresa con un delantal blanco bordado, llevando en el brazo una canasta de pita llena de panecillos cubiertos con un paño blanco. Iba repartiendo a todas las personas que se encontraba. A nosotros nos daba un solo panecillo que lo íbamos comiendo despacito para saborearlo, pensando que hasta el año entrante volveríamos a comer ese delicioso manjar. Los panecitos que sobraban mamá los guardaba en un tarro con tapa bien cerrado. Nosotros siempre que entrábamos a la cocina veíamos el tarro en una repisa, hasta que un día me subí al moledero y pude abrirlo. Cogí un panecillo y salí corriendo a esconderme para saborearlo. El caso es que ya estaba muy viejo y sabía rancio.

El día de Santa Lucía, que por cierto en la familia no había ninguna Lucía, se celebraba con baile, según una vieja costumbre. Era una fiesta muy alegre porque venían los músicos y gozábamos mucho.

El día de San Rafael era la última celebración del año en familia; papá se preparaba con chicha que hacía con piña, tapa de dulce y le agregaba jengibre para darle un mejor sabor. A veces se conseguía algún traguillo de contrabando. Hacían un compuesto y lo tenía por ahí escondido. Mamá y las mujeres hacían bizcochos, pan casero y frescos de sirope con frutas (banano, piña y naranja). Casi siempre se daba inicio por ahí de las seis de la tarde.

Ese 24 de octubre de 1950 (yo de seis años) fue especial, pues a las diez de la mañana me llamó mamá y me dijo que fuera rapidito donde Sofía, que vivía del otro lado del potrero, a 100 metros de casa y le dijera a Claudia que se viniera de inmediato. Llegamos a la casa jadeando, mamá estaba en la sala y le dijo a Claudia que fuera por doña Rosa la partera que vivía en Candelaria. Salimos Claudia y yo casi corriendo por esos barriales y regresamos con doña Rosa, como a las dos de la tarde.

Entraron al cuarto y unos minutos después oímos el llanto de un nuevo niño en la casa: había nacido Miguel.

Un nacimiento era un gran acontecimiento y a todos nosotros, los chiquillos, nos daba una gran alegría y nos llenábamos de felicidad al ver y contemplar ese nuevo ser tan maravilloso. El asunto es que pensamos que seguro ya no iba a haber fiesta. Así pasamos la tarde hasta que llegó papá del trabajo, y se sorprendió de saber que había un nuevo hijo en la familia. Un rato después oímos decir que la fiesta del día de San Rafael estaba en pie y con más fuerza pues mamá estaba bien y que había que celebrarlo doble. ¡Qué alegría para nosotros! Así fue como los músicos, familiares y vecinos llenaron nuestro rancho con alegría, bailes, chicha, y compuesto. Esa fue la mejor celebración que habíamos tenido para un día de San Rafael.

Una Familia Emprendedora

*E*l jornalero era el peón a quien le tocaba hacer las faenas más duras del campo y ganaba el salario mínimo. Su manera de actuar, hablar y pensar era muy ingenua porque los jornaleros eran poco instruidos. Vestían muy sencillamente y casi todos andaban descalzos. Pocos tenían la oportunidad de ir a la escuela y una vez que sabían leer y escribir los sacaban para ayudar a mantener a la familia. Era un mundo muy cerrado, había muy poca comunicación con el exterior. Por esa razón, cuando alguien de afuera llegaba a contarnos algo para nosotros era una novedad y lo dábamos como cierto.

Nuestra familia logró salir adelante gracias a la influencia que traíamos de nuestros abuelos y a la mentalidad de papá, que no era descendiente de peón, que luchó para que nosotros pudiéramos ir a la escuela.

Éramos una familia emprendedora y trabajadora, un poquito diferente, muy unida y religiosa. No nos permitían hablar mal, ni decir malas palabras, y nos exigían buen comportamiento: respeto y obediencia absolutos. Nuestros amigos eran los hermanos, y los mayores tenían que dar el ejemplo y tenían la responsabilidad de guiarnos y cuidarnos cuando no estaban papá y mamá cerca.

Papá, ya les he contado, todos los días se levantaba a las 4 de la mañana para alistar su desayuno y el almuerzo que llevaba al trabajo. Después de 6 horas de volar pala y machete, una faena muy pesada, llegaba a la casa, se tomaba un poco de café, y se iba a trabajar en terrenos alquilados para sembrar tabaco, maíz y frijoles, hortalizas y verduras para ayudarse en la manutención de una familia tan grande.

Los hermanos y hermanas mayores: Mardoqueo, Teresa, Claudia y en parte Rafael, no tenían mentalidad jornalera, ni de peón.

Mardoqueo, a los diez años, hacía cepillos de raíz, jabón y nos cortaba el pelo. Cuando cumplió catorce, ya había aprendido costura con el primo Tito y nos cosía la ropa. Nunca pudo andar descalzo y un día decidió salir del pueblo y se fue para San José. Consiguió trabajo de portero (ahora se le dice guarda) en el colegio Don Bosco, a condición de que sacara el sexto grado que era un requisito y así lo hizo. Siendo ya un muchacho, regresó con el título en la mano y le dieron el trabajo. Luego estudió teneduría de libros y aprendió mecanografía. Le dieron trabajo en la Corte Suprema de Justicia, en donde trabajó hasta pensionarse. Mientras trabajaba en la Corte realizó muchos negocios, fue dueño del garaje San Jorge, una compañía de taxis de San José.

Teresa y Claudia una vez que terminaban las labores de la casa (ayudaban a mamá en los quehaceres de una gran familia), cocían la ropa de las mujeres y los niños. Eran las mejores cogedoras de café del pueblo.

Rafael, de 11 años, se fue a trabajar a la finca de Tío Gregorio, el hermano de mamá. Ahí aprendió muchas cosas diferentes tratando ganado y repartiendo leche. En ese entonces, los ganaderos enviaban al lechero a repartir la leche todos los días a sus clientes de La Villa.

Todos, hasta nosotros los niños, ayudábamos a papá a recoger tabaco y a empacarlo para llevarlo a la cooperativa. Se dejaba un poco de bajera y de cuartilla, más lo que no recibía la cooperativa porque tenía algún defecto o daño, y con eso Teresa y Claudia hacían puros. Así es que siempre estábamos ocupados en alguna labor. A veces, para terminar la faena, había que trabajar de noche.

Teresa llegó a coser 45 blusas en un día cuando trabajaba en la tienda y fábrica de ropa Alan y Alan.

La poza del Río Grande

*C*uando llegaban los vientos alisios y comenzaba el verano era la época más linda del año, porque ya se iban aproximando las vacaciones de tres meses: diciembre, enero y febrero.

En esa época viajábamos a la poza del Río Grande, nos alistábamos toda la familia, y mamá preparaba la comedera: arroz y frijoles, picadillo de papa, huevos duros y bastantes tortillas.

Pasábamos casi todo el día bañándonos y divirtiéndonos. Los chiquillos nos bañábamos en calzoncillos, y otros desnudos. No recuerdo haber visto pantalonetas de baño. Papá nos llevaba calabazos: les sacaba la tripilla, los lavaba bien y les ponía un tapón de olote. Nos amarraba el calabazo a la cintura, y a flotar a la poza grande. Otras veces fueron troncos de balsa, nos agarrábamos y nos íbamos flotando hasta el otro lado.

Había pozas exclusivas para las mujeres en donde los hombres no podían acercarse ni a cien varas; esa regla había que respetarla o de lo contrario, había que atenerse a las consecuencias. Una vez Víctor, el hijo de "Pasito" (Marcial Solórzano), que era muy tequioso y terriblillo me dijo: "¡Venga José, vamos por los matorrales a la orilla del río a samuelear a las mujeres!" Yo lo seguí, pero los matorrales quedaban un poco lejos del río. Íbamos apartando ramas y hojas de los arbustos para ver en donde estaban las mujeres, hasta que las divisamos a lo lejos. Unas con batones, otras con fustanes y camisones, el asunto es que nos quedamos con las ganas de ver alguna un poco corta de ropa, entonces le dije: "¡pa' que me trajistes si no se vio nada!"

Hacían competencias corriendo y nadando por el río contra la corriente, para ver quien llegaba de primero al punto que acordaban. Era una de las competencias más difíciles que he visto en mi vida pues los muchachos, descalzos, iban luchando contra la corriente hasta llegar arriba. Tenían que ser muy valientes. Era muy difícil llegar a la meta. Los pies se les rompían y sangraban al chocar contra los filos de las rocas, de verdad algo inhumano. Sin embargo, siempre había alguno que lo lograba. "Pasito" nos impresionaba subido en la baranda del puente, alistándose para lanzarse a la poza de consumida o de pie, abriendo los brazos, hasta caer al agua. Muy pocos hombres se animaban a imitarlo porque era muy peligroso. Por fin, llegada la tarde terminábamos de comernos lo que había quedado del almuerzo, recogíamos todos los maletates y regresábamos a casa, bien cansados pero llenos de gran satisfacción.

Doña Enriqueta

Doña Enriqueta era una señora campesina, un poco gordita, de unos cuarenta y cinco años que vivía en el Hoyo de Naranjo, un lugar distante detrás del Río Grande, al que se llegaba rodeando el cerro, después de unas dos horas de buen caminar. Asistía a la misa de nueve en la iglesia de La Villa de Palmares todos los domingos. Cuando iba para La Villa, pasaba a descansar un ratito, a tomar agua o algún fresquito que mamá le hacía y a dejarnos algunas cositas que siempre nos traía.

Llegaba sudando de tanto andar debajo de un sol ardiente. La gente decía que "el bajo del Hoyo era caliente como un horno". Al regreso de La Villa, venía cargando dos bolsas, una en cada mano, y un bollo largo de pan blanco, que traía bajo el sobaco. Me recuerdo ver aquellos brazos gordos sosteniendo el pan, aplastado y todo sudado.

En la casa de doña Enriqueta había colmenares y vendían miel de abeja. De vez en cuando mamá nos mandaba a traer miel, ponía unas botellas de vidrio en una alforja de mecate y nos íbamos Benito, Gregorio, algunas veces Carmen y yo.

Emprendíamos el viaje por la trocha de piedra y polvo que hacía poco habían abierto; no había sombras de árboles en donde refugiarse y teníamos que caminar cerca de dos horas, bajo un sol que reverberaba. Cuando llegábamos a los colmenares sacábamos las cucharas y las paletillas que habíamos hecho para meterlas en los recipientes llenos de miel y, antes de regresar, llenábamos con miel el jarrillo o algún envase que traíamos; la cuestión es que nos veníamos comiendo la miel que muchas veces se nos regaba por los brazos y las piernas. Sentíamos una pegazón fea pero no teníamos agua ni algo con qué quitarnos la miel del cuerpo, hecha ya una melcocha mezclada con el polvazal que levantaba el viento. Nos apretaba el calor del medio día, y siempre se nos olvidaba traer una botella con agua para aplacar la sed, o enjuagarnos la boca para bajar la miel que teníamos pegada en la garganta. Se nos resecaba la boca hasta sentir que nos ahogábamos. Era tal la sed y el deseo de lavarnos, que nos desesperábamos por tomar agua o vaciarnos un balde de agua fría encima.

Oíamos el río en el bajo, pero era imposible bajar. Algunas veces encontrábamos agua a media calle, en una huella del casco de alguna res o caballo que dejaba en el barro, y que ya estaba seco y tostado. Le quitábamos la nata que se formaba con el polvo y el calor, la hacíamos a un lado y nos tirábamos al suelo para absorber el poquillo de agua que tal envase contenía y que era tan poquita que nunca nos alcanzaba para lavarnos las manos y los pies pelados, porque no usábamos zapatos.

Teníamos que aguantar la sed y el calor hasta llegar al puente del Río Grande en donde podíamos bajar al río y bañarnos en la poza. Era un deleite tan grande el que sentíamos que cuando faltaban doscientos metros para llegar salíamos corriendo, llegábamos con la ropa en la mano y chupulún a la poza en donde nos deshacíamos de todo lo que traíamos pegado. Y pronto nos olvidábamos de la tragedia que habíamos vivido a través del viaje.

El rezo del Niño Dios

Cuando venía la Navidad nos preparábamos para ir al rezo del Niño Dios que Doña Enriqueta hacía con cantos y música. Era una fiesta a la que siempre nos gustaba ir. Íbamos todos: papá y mamá y todos nosotros, los grandes y los chiquillos. Llegaba el día y tempranito papá iba alistando las carburas, mientras mamá alistaba comedera para el camino y por ahí de las cinco de la tarde emprendíamos el viaje para El Hoyo. Al cruzar el puente del Río Grande comenzaba a oscurecer, se encendían las carburas y seguíamos el camino, hasta llegar a la casa de doña Enriqueta, por ahí de las siete o siete y media de la noche. Al ratito de llegar, comenzaba el rosario y luego la fiesta. Se cantaban villancicos en cada misterio. Terminaba el rosario y empezaba la comedera: bizcochos, tamales, pan casero y los frescos de frutas para los chiquillos. Y para los grandes, contrabando, compuesto y chicha. Y así seguía la fiesta, las guitarras y el baile hasta bien entrada la noche, cuando nos disponíamos a regresar. Recuerdo una vez que estaba la fiesta en lo mejor y una candela se volcó y rápidamente las llamas consumieron el portal.

El regreso a casa era maravilloso. La calle iba bordeando el cerro y escuchábamos abajo el sonar del Río Grande. El cielo se llenaba de estrellas que alumbraban la calle y ya no teníamos que encender las carburas en todo el camino. Papá nos iba indicando en el cielo cómo se agrupaban las estrellas para formar las Siete Cabritas, el Arado, la Osa Mayor, la constelación de Orión, entre algunas. Venus se veía muy grande y brillante. Entre más entraba la noche, podíamos ver las estrellas caer (ahora sabemos que son meteoritos). Si uno lograba ver una cuando iba cayendo tenía que pedir un deseo. Una vez fueron tantas las que caían a la vez, por un lado y por otro del cielo, haciendo culebritas, que ya no teníamos de dónde sacar más deseos. Era el viaje más maravilloso que jamás alguien se pueda imaginar. Ahora sólo quedan los recuerdos porque las estrellas, doña Enriqueta y El Hoyo se fueron el día que nos vinimos para San José.

Mamá

Como en otras ocasiones lo he mencionado, mamá le temía al infierno y por esa razón no permitía que nosotros faltáramos a los mandamientos de Dios. Los pecados de nosotros chiquillos eran: la mentira, el robo y la desobediencia. Trataba de corregirnos castigándonos para librarnos del infierno. La expresión del tío Silberio era: "Mejor hechos pedazos al cielo, que enteros al infierno".

Un día que iban Carmen y Claudia para La Villa, mamá les recordó que no se vinieran por detrás del mercado porque ahí estaban las cantinas y los borrachos. Pues no fue cuento, se vinieron por ahí, solo que Claudia como era la mayor le dijo a Carmen que cuidado le decía a mamá. Pasaron los días y Carmen mencionó que había visto a alguien conocido saliendo de la cantina y mamá la oyó. Por ser la mayor, Claudia se llevó la fueteada más grande. Recuerdo que mientras mamá alzaba el fuete para darle, alguien se lo tuvo que agarrar porque no dejaba de darle por un buen rato.

Otra vez fue a Benito. A veces nos zafábamos para la

poza del Salto en la finca de Isaías Solórzano, que por cierto era muy linda: había una caída de agua, no muy alta, pero era un buen chorro el que caía. A mamá no le gustaba que fuéramos por aquello del peligro de ahogarnos. Un domingo salimos de la misa de nueve o de tropa, y nos fuimos derecho a la poza. Benito comandaba el grupo compuesto por Carlos, Juan, Gregorio y yo. Algunos muchachos del pueblo se estaban bañando, entre ellos Amancio, el de Adán. Él se fue antes que nosotros, y al pasar frente a casa, mamá le preguntó si nos había visto. Y claro, le dijo que estábamos bañándonos en la poza. Al ratito llegamos y mamá nos estaba esperando en la puerta. De inmediato se notaba que habíamos estado en la poza porque todavía no se nos había secado bien el pelo. Con las manos para atrás (claro, tenía el chilillo listo), le preguntó a Benito si habíamos ido a la poza, y éste le contestó que no. Entonces imagínense el resto. Fue otra de las grandes castigadas que yo puedo recordar. Desobediencia y mentira, doble castigo.

Un día pasé por la cocina y había una bandeja con rosquillas de bizcocho acabaditos de hacer y cogí una. Mamá se dio cuenta de que faltaba, ya que había quedado la marquita y el espacio en donde había estado. Nos llamó y preguntó: ¿Quién cogió la rosquilla? De inmediato le dije: "yo". Me pegó con una faja ancha de las que usaban para amarrar el canasto para coger café. Yo iba contando cada fajazo de los 7 que me pegó. Creí que no me iba a castigar tan fuerte, si era solo una rosquilla y no le mentí. Pero robar era un pecado mortal y por eso

me podría condenar. Yo no lloraba porque me doliera, aunque algunas veces me daba tanta cólera que sí lloraba y eso le molestaba mucho a mamá.

Jugábamos en el patio del rancho todos los chiquillos: Carlos, Juan, Gregorio, Benito y yo. Si alguno lloraba, mamá salía con el chilillo y nos castigaba a todos.

Una vez estábamos todos en el patio y Juan se puso a llorar, no recuerdo por qué; cuando mamá salió como de costumbre a pegarnos a todos, yo salí corriendo y salté la cerca de olivos; mamá vino corriendo detrás de mí mientras me decía que me iba a llevar el diablillo y que se iba hacer un hueco en la tierra que me iba a tragar. Yo le replicaba que no tenía nada que ver con el asunto y que por esa razón no quería que me pegara más. Me dijo: "Voy a hablar con Urías". Y yo feliz. Cuando papá llegó le dije lo que había pasado y que no quería que me volviera a pegar. Me dijo: "Si usted no quiere que le pegue, debe obedecer siempre el mandato de su mamá. Debe de estar siempre alerta, no espere que lo llame dos veces, y no provoque de ninguna manera para que ella no tenga razón de pegarle". Así fue que me fui alejando de las palizas y del infierno, y no recuerdo que alguna otra vez me haya pegado.

El Precio de una Sonrisa

Una mañana como a las nueve, yo de seis años, me llamó mamá y me dijo: "José, tengo ganas de tomar agua de coco". Me parece que era un antojo, creo que estaba embarazada de Miguel. "Vaya donde Tácito y me compra uno, cuestan 10 centavos". Seguramente Benito, Carmen y Gregorio que eran mayores andaban en la escuela. La pulpería de Tácito quedaba al frente de la pulpería y cantina de Constancio Rojas en la Esquina de Zaragoza, a un kilómetro de la casa. Compré el coco que era grandecito y seco y regresé a casa. Lo traía un ratito en la mano derecha y otro en la izquierda. Me cuidaba de no caerme en los barriales de la calle y tenía que cogerlo con las dos manos. No entiendo por qué no me dio una bolsita o la alforja para echarlo. Bueno, tenía que seguir caminando. Al llegar al corredor de la casa ya mamá iba saliendo, me tropecé y el coco se me cayó, se rompió y se le salió el agua. Mamá se quedó viéndome y me regaló una sonrisa.

Gregorio

*H*oy les voy a contar parte de mi niñez que compartí con Gregorio, quien es dos años mayor que yo y de quién aprendí muchas cosas. Él era muy tolerante y bondadoso conmigo y yo era muy peleonero y chichoso. Nunca me corrigió criticando mis actos y no recuerdo haberlo visto enojado o bravo en algún momento. Siempre me trató bien. Hoy diría: era mi mejor amigo. Tenía muy buen pulso con la flecha, que él mismo hacía con palos de café. Entrábamos a todas las fincas porque los portones no tenían candado, o pasábamos por debajo de los alambres levantándolos un poquito para que el otro pasara. Ya fuera para ir a dejar almuerzos, ir a juntar café o para pasar al otro lado, no me acuerdo que hubiera restricción alguna. Comíamos de cuánta fruta encontrábamos: naranjas, limones dulces, guanábana, anonas, guabas y bananos. Gregorio, que tenía mucha agilidad para subirse a los árboles y no le tenía miedo a la altura, se subía a un árbol de guaba y desde ahí le quitaba los más maduros al racimo, para dejar que los otros se maduraran más, y pasar al día siguiente.

Una noche estábamos Gregorio y yo (él de seis años y yo de cuatro) acostados en la cama viendo para el techo, que era de paja, y tan alto, casi como los que hacían los indios.

El viento había removido la paja en el puro cucurucho y se veía una rendija por donde entraba la luz de la luna, que de seguro era llena porque alumbraba mucho dando un gran reflejo en el cuarto oscuro, ya que habían apagado la canfinera. Habíamos pasado un rato sin hablar, sentía mucha paz en mi corazón, sólo contemplábamos, y de pronto me dijo Gregorio: "Vea José, por esa rendija es por donde entra el niñito Dios a dejarnos los regalos. Como cerramos las puertas y él es invisible y viene del cielo, no le cuesta nada entrar por ahí y así nadie lo ve". Yo siempre me había preguntado que por dónde entraba el niñito a la casa a dejarnos los regalitos la noche de Navidad si las puertas estaban cerradas. ¡Vean ustedes! Por fin lo supe. Como faltaba poco para que llegara la Navidad, todas las noches me quedaba viendo para el techo, cuidando de que nadie cerrara la rendija hasta que llegara la Navidad, para que el niñito pudiera entrar.

Llegaba el 24 de diciembre, el día del niño. ¡Qué espera más larga! Yo trataba de no dormirme pues quería estar despierto para ver al niñito entrando por la rendija con los regalitos. Pero qué va, siempre me dormía y nunca lo pude ver. Papá nos decía que él nos compraba los regalitos, pero que se los dejaba en custodia al niño Dios para que el 24 de diciembre por la noche los viniera a repartir a cada uno. Recuerdo que esa noche pasamos mucho rato sin dormirnos y casi sin hablar. Hoy lo recuerdo con mucho cariño y sigo creyendo en lo que dijo Gregorio. ¡Qué gran dicha que la vida de los niños es tan ingenua y la pude vivir! Es cuando esos recuerdos nos llenan el alma y aprendemos que hay cosas maravillosas a nuestro alrededor y que muchas veces no vemos.

Para esa Navidad papá nos preguntó qué queríamos que nos trajera el niño Dios. Yo le pedí un sombrerito de pita para cubrirme la cabeza del sol. Cuando íbamos a Buenos Aires a visitar al abuelo de mamá, Lico Quesada, que ya estaba un poco viejo y enfermo, teníamos que caminar con los pies descalzos cerca de hora y media, bajo un sol que reverberaba. Y para peores, la calle de La Villa hasta Buenos Aires ya estaba asfaltada y hacía como ondas de lo caliente que se ponía. Sentíamos como brasas que nos quemaban las plantas de los pies. A ratos poníamos un lado del pie, a ratos el otro lado, y así íbamos aguantando hasta que bajara un poco el sol. Algunas veces caminábamos por un trillo a la orilla de la calle sin aceras, en donde caían los tiestos y vidrios que empujaban los carros y el viento, cuidándonos de las estacadas. Llegamos con la ilusión de ver al abuelo por última vez, pero nos desilusionaron porque a los niños no nos permitieron entrar a verlo.

Gregorio le pidió un cuchillo con cubierta de cuero y una fajita delgadita para amarrársela a la cintura. Nos hacía falta un cuchillo para cuando íbamos a dejar los almuerzos poder cortar la hierba y arbustos que crecían en el camino o trillos por donde teníamos que pasar. Un día le hizo bastante filo y nos fuimos a dejar los almuerzos al bajo de Esquipulas a la finca de Isidro Pacheco, el primo de papá. Cuando llegamos al callejón cubierto por la hierba, Gregorio sacó el cuchillo, se cuadró, se echó para atrás y mandó el machetazo. La hierba estaba tan tierna que no sostuvo el cuchillo y le pasó directo a la pierna, cortándolo hasta ver el hueso. Sacó un pañuelo que llevaba en el bolsillo, se lo amarró en la herida y seguimos el camino y ya no pasó a más. No se soltó el pañuelo, y en unos días ya había cerrado la herida.

Un día estábamos los dos acostados en la cama. El rancho no tenía cielo raso, y de pronto, desde unas tablas que habían puesto arriba, sobre las paredes del cuarto, Gregorio vio que cayó un bichillo. Era un alacrán que le cayó en la espalda y lo picó de inmediato. Gregorio gritó tan duro, que mamá vino corriendo, para quitarle el bicho y matarlo. Luego ponerle alcohol en toda la espalda para que resistiera el dolor y no se le hicieran secas y postemas bajo los sobacos.

Otro día fue la picada de un tortolocuilo. Gregorio y yo nos fuimos a dejar los almuerzos al cafetal en donde estaban recogiendo café las hermanas y los hermanos mayores. Como estábamos pequeñillos, nos daban un pañuelo grande de colores, de esos que se amarraban en el cuello. Le hacían cuatro nudos y lo dejaban como una bolsa y ahí echábamos los granos de café que recogíamos de las bandolas que estaban muy bajas, casi pegando al suelo. De pronto dice Gregorio en voz alta: "¡Algo me picó!" Y corrieron todos a ver que era. Dijo Teresa: "¡Ay Dios mío, si es un tortolocuilo, y de los bravos!" De los que pican más duro porque hasta calentura le dio. Recuerdo una vez que a mí me picó un gusano, no me acuerdo del nombre, pero era uno de esos bravos porque se me hizo una seca* y se me adormeció la lengua. Al no haber escuela en la Cocaleca en donde vivíamos, había que caminar una hora para llegar a la Escuela Ricardo Moreno Cañas, que está en el Rincón de Zaragoza. Pasábamos por el frente de dos trapiches, el de los Bolaños y el de los Rodríguez. Ahora no entiendo cómo nos permitían entrar, con lo peligroso que era. Teníamos que llevar el pañuelo en la mano para ir quitándonos las abejas que volaban hacia nosotros que de todos modos casi siempre nos picaban, pero ya estábamos acostumbrados. Conseguíamos hojas de piñuela y con la cuchilla le cortábamos las espinas y nos quedaba una canoita que metíamos a la paila y la llenábamos de miel hirviendo, que al ratito se endurecía como el dulce de tapa. Un día Gregorio, al tratar de meter la canoa de la hoja de piñuela a la paila con miel hirviendo, se resbaló y metió la mano. Se quemó los dedos. Sacó el pañuelito que por cierto siempre andábamos, por aquello de los mocos, y se amarró la mano. Así permaneció por unos días sin decir nada por miedo a que lo juetiaran (fuetearan), hasta que lo descubrieron. Cuando mamá le quitó el pañuelo vio que estaba muy mal, y tuvo que hacerle curaciones. Me acuerdo que hasta café molido le pusieron.

---

* Las secas eran unas pelotas que salían debajo del sobaco y dolían mucho, luego de que lo picaba a uno algún bicho. Las postemas eran en la lengua y las encías.

La Pelea (1952)

Un día que regresábamos Gregorio y yo de La Villa por la calle de tierra, llegando al plano, nos topamos con Víctor, el hijo de Sofía y Vilo, vecinos muy pobres que vivían del otro lado del potrerillo que quedaba frente al rancho.

Se plantó frente a nosotros en media calle y nos dijo: "Tenemos que pelear".

Insistía en que teníamos que pelearnos con él. Quedamos sorprendidos. Lo que nos extrañaba es que nunca antes habíamos tenido ningún problema con él. Víctor era un muchachito de unos once años, un poco flaco, callado y poco sociable, un poquito más alto que Gregorio que tenía diez (yo de ocho). Ahí seguía plantado frente a nosotros con la cabeza mirando al suelo, y con los pies descalzos que enterraba en el polvo.

No se movía, ni decía una palabra. Se levantó un poco el sombrero y ya podíamos verle mejor la cara. Nos volvía a ver y bajaba la vista. No tenía aspecto de bravura, ni cara de odio, pero tenía el cuerpo un poquito inclinado y una mano metida en la bolsa de atrás del pantalón, en donde Gregorio sospechaba que traía una cuchilla pequeña.

Víctor a esa edad ya era un peón, y le ayudaba al papá que trabajaba en las fincas de Adán Solórzano, vecinos también de nosotros en la Cocaleca. Los hijos de Adán se habían peleado con Mardoqueo y Rafael hacía algún tiempillo.

Víctor sólo pensaba en sus amigos, los Solórzano, con quienes tenía muy buena relación. Creo que sintió la necesidad de corresponder y hasta cierto punto de defender el honor de sus amigos.

Gregorio comenzó a persuadirlo para que desistiera de la contienda. Le dijo que nosotros no teníamos nada que ver en la pelea con los Solórzano. También le dijo que nunca había habido problema alguno entre él y nosotros tan grave que ameritara una pelea.

Le dijo que nosotros éramos dos y que le podíamos ganar la pelea, y que ya sabíamos que andaba cuchilla y nosotros no. Dijo: "Dele la cuchilla a José mientras nosotros peleamos". Y seguía Gregorio diciéndole que éramos los vecinos más cercanos y que siempre habíamos cooperado con sus padres cuando habían tenido alguna necesidad.

Levantaba la vista de vez en cuando, pero no nos miraba a los ojos. Quedamos en silencio por un rato y sin movernos.

Víctor, viendo para el suelo, en donde metía los dedos de los pies en el polvo caliente, con la cabeza gacha y sin decir ni una palabra, dio media vuelta y se fue.

Así fue que compartí muchos ratos con Gregorio.

En tiempo de la Cosecha

Cosechábamos casi todo los granos y las verduras que comíamos.

Les he querido contar sobre las cosechas porque era una época muy linda para nosotros los niños.

Papá alquilaba terrenos en donde sembraba maíz y frijoles y además tubérculos: yuca, tiquisque, ñampí y papas y en otra finca sembraba tabaco.

Como no había sistema de riego, el maíz y los frijoles los sembraba cuando comenzaba el invierno, por ahí de mayo, y tres meses después se recogían los elotes tiernos y las vainicas, y más tarde, los frijoles tiernos.

Había frijoles bayos, blancos, rojos y negros. Como las semillas de los frijoles blancos y bayos eran muy caras, solo para esa época los comíamos y por eso nos sabían tan rico. Cuando traían los sacos con frijoles recién arrancados, fresquitos, tenían un sabor y olor especial. Había que aporrearlos para sacarlos de la cáscara o vaina. Los echaban en un manteado y con unas varillas los aporreaban y luego los ventilaban, para limpiarlos de todas las cáscaras y la basura que quedaba despúes de la recolección. Se subían en un banco con la palangana llena de frijoles aporreados y los dejaban caer al manteado para que el viento se llevara la basura. Cuando se iba a hacer esa labor nos decían a los chiquillos que llamáramos a Julián, y entonces decíamos: Julián, Julián, Julián, varias veces y venía el viento con más fuerza y así era más fácil limpiar los frijoles. Para nosotros los niños era muy lindo porque no entendíamos del trabajo duro que tenían papá y los hermanos mayores. La época de la recolección fue inolvidable.

En el tiempo de los elotes mamá decía: "Hoy vamos a hacer chorreadas". Nos íbamos al maizal a escoger los elotes más tiernos y papá nos iba indicando los elotes que podíamos arrancar de la mata para irlos echando en un saco. Si eran para chorreadas tenían que ser muy tiernos, lo mismo para los tamales envueltos en la misma tusa del elote que eran un manjar. Llegábamos a casa con los sacos llenos de elotes tiernos. Unos se ponían a estusar y otros a desgranar las mazorcas, mientras otros iban moliendo el maíz. Mamá prendía el fogón de leña y ponía los comales. Al ratito salía aquel olor tan rico cuando la chorreada se estaba cocinando.

Para la mazamorra, que era otro manjar, había que traer elotes más sazones. Unos íbamos con papá al maizal y escogíamos los elotes. Había que estusar, desgranar y moler; mientras tanto, mamá tenía lista la gran olla en donde iba a cocinar el elote molido, que movía y movía con una paleta o cucharón para que no se pegara en el fondo de la olla. Luego comenzábamos a sentir el delicioso olor, que disfrutábamos mientras esperábamos la repartición. Nos daban un poquito a cada uno, era un atol. Pero si esperábamos a que se enfriara, se cortaba (como la gelatina) y así nos sabía más rico. Creo que como éramos tantos no podían darnos mucho y por eso siempre quedábamos con deseos de que nos dieran más. Posiblemente porque solo para esa época la comíamos.

Para hacer las tortillas cospó (las tortillas más ricas que he comido), el elote tenía que estar más sazón y había que esperar un tiempito más. También era el tiempo cuando asábamos los elotes sobre las brasas; ya asados, les arrancábamos los granos para irlos comiendo poco a poco. A veces jugábamos ballesta: cogíamos un puño de granos y los escondíamos en una mano, luego presentábamos las dos manos y el que adivinaba en cual mano estaba el maíz se lo ganaba. El juego consistía en decir "ballesta, ballesta me fui por una cuesta, mi mamá y mi tata me dicen que en ésta" y al mismo tiempo ir tocando una mano y luego la otra; al terminar de decir ballesta tenían que adivinar en cuál mano estaban los granos. Siempre adivinaba el hermano mayor, al ver la mano más abultada.

Los tacacos y chayotes colgaban de los árboles detrás de la casa. Era algo muy lindo verlos mecidos por el viento. Los recogíamos todos los días. Los más sazones para la olla de carne y los tiernos para la sopa de fideos que se hacía los viernes porque no se comía carne. Casi todos los días hacían "olla de carne." Era una gran ollada, para tantos que éramos. Le echaban camote, tiquisque, yuca, ñampí, ayote y chayote sazón, plátano verde, tacacos y le agregaban culantro coyote para darle un mejor sabor al caldo. Como la carne era muy cara, papá compraba hueso carnudo y jarrete al que le extraíamos el tuétano, que nos gustaba mucho. A veces nos daban un pedacito de carne que dejábamos para el final, comiéndola despacito para saborearla mejor.

Para el tabacal, me acuerdo que hacían un almacigal, y cuando las planticas estaban pequeñitas, de un tamaño que papá sabía que se podían trasplantar, las llevaban a un terreno que ya habían alistado para resembrarlas. Así ya crecían las matas y era muy lindo verlas en hileras formando el tabacal. A veces, venía la plaga de los fogotos, gusanos blancos y grandes que se comían la raíz y mataban las plantas. Los vientos fuertes muchas veces quebraban las hojas y las echaban a perder. Había que tener cuidado al arrancar cada hoja pues ésta debía de estar entera y sin ningún defecto ni mancha.

La recolección de las hojas secas era un trabajo difícil y no nos gustaba mucho. Cuando en la mata de tabaco van apareciendo hojas secas, la bajera y la burucha, que son las primeras de abajo para arriba, nos daban una bolsa para echarlas. El asunto era que al meternos debajo de la mata nos llenábamos las manos y la cabeza de una especie de goma pegajosa que costaba mucho quitar. Era una goma parecida a la que produce el guineo al cortarlo.

Cuando el tabaco estaba sazón cortaban la mata y las iban amarrando de dos en dos, haciendo una especie de mancuerna para colgarlas en la caña de bambú de la talanguera*.

Hacer un tabacal era algo de lo más difícil y delicado. Había que tener mucho cuidado con el trato de las hojas porque de ello dependía el precio que pagaban. Una vez seco el tabaco, se bajaba de la talanguera y lo traían a la casa. Todos ayudábamos. Papá y los hermanos mayores lo clasificaban con mucho cuidado dependiendo del tamaño y el estado, y lo iban empacando en sacos de gangoche: "la capa" era la hoja que tenía que estar en perfectas condiciones porque es la que envolvía el puro. Iban colocando "la primera", "la segunda", "la tercera", y por último la "burusca", con la que rellenaban el puro. Así lo llevaban a la cooperativa.

Un día llegamos al tabacal listos para empacar las matas que habíamos arrancado y dejado colgando, pero todo se lo habían robado; solo nos dejaron las matas alrededor de la talanguera. Papá debía el alquiler del terreno, el pago de algunos peones que le habían ayudado, los sacos de gangoche que había comprado para empacarlas y todo el trabajo de él y los hermanos mayores. Papá bajó la cabeza y no recuerdo que haya pronunciado palabra alguna y regresó a la casa con las manos vacías y el corazón destrozado; nosotros nos fuimos detrás de él calladitos ¡Qué recuerdos, qué nostalgia, que los llevo en el alma!

---

* La talanguera es similar a un tendedero de ropa muy grande, sólo que en lugar de mecate usaban caña brava de bambú y ahí iban colgando las matas de dos en dos.

Las Creencias

*Y*a les he contado lo ingenua que era la gente campesina y sobre sus costumbres y creencias.

Mamá provenía de una familia arraigada a las costumbres campesinas y religiosas de la época: Católica, Apostólica y Romana. El rosario debía rezarse todos los días, a veces con el trisagio y los viernes con la pasión. Era pecado mortal no ir a misa los domingos. Había que confesarse o liberarse muy a menudo para no estar muy cargado de pecados por algún percance trágico. Había un dicho que decía: "si hay una tragedia, que nos agarre confesados", porque si se morían con pecados se podían condenar.

Era malo que las mujeres se cortaran el pelo. Jamás ponerse pantalones. La coquetería era mala, no se podían pintar las uñas. No podían estarse viendo en el espejo porque era vanidad. Pero lo que más me llamó la atención era que no podían mostrar que estaban alegres y felices. Nos contó mamá que un día que estaban alegres, ella y sus hermanas se fueron por detrás de la casa para que no las vieran. Me las imagino de 10 o 12 años, con aquellos vestidos volados de lindos colores que casi arrastraban. Daban vueltas para que los pliegues se mecieran, gozando y cantando, y estaban divirtiéndose mucho. De pronto vieron que de las matas de café salía un humo negro y olía muy feo, como azufre. Se asustaron mucho y salieron corriendo. Como no tenían mamá, le contaron a las tías lo que les había pasado. Las mandaron a confesarse y el cura les dijo que era el mismísimo pisuicas (diablillo).

La Carreta sin Bueyes (1924)

Contaba mamá que de vez en cuando se oía venir una carreta bajando la cuesta por donde ella y sus hermanas y hermanos vivían en ese entonces con el abuelo Lico Quesada, en Buenos Aires de Palmares.

Casi siempre llegando la noche la oían venir, seguro vacía porque el sonido era muy fuerte. No le daban importancia hasta que un día hacía tanto ruido que salieron a verla. Fue grande la sorpresa que se llevaron porque no la vieron pasar, sino que solo pudieron oírla cuando ya iba lejos. Entonces se pusieron alertas para el siguiente día, pero no pasó.

Esperaban que pasara todos los días, y cuando menos se esperaba, pasaba. Sólo la oían cuando iba lejos. Les comenzó a parecer algo extraño porque la oían venir, pero al pasar frente a la casa desaparecía, y luego aparecía más adelante. Se asustaron mucho porque ya habían oído hablar de la carreta sin bueyes, que había pasado por otros lados y no le habían dado importancia, porque no creían.

Entonces se alistaron con la magnífica, agua bendita, el escapulario, el rosario, que lo habían llevado a bendecir y unas medallas, para estar listos para la próxima vez que pasara.

No fue cuento, la atisbaron y cuando la oyeron venir todos salieron a la calle corriendo pero ¡qué va! La carreta venía tan rápido que no la vieron cuando pasó por el frente, pero sí notaron, desde lejos, que iba sola y entonces se dieron cuenta que ningún buey hubiera podido correr a esa velocidad.

La Brujita

Allá por el año 1925, en un pueblito de Esquipulas de Palmares de Alajuela, llamado La Cocaleca, la gente se dio cuenta que la bruja que tenían estaba muy viejita, enclenque, sorda y sin dientes. Ya no podía hacer las pócimas y conjuros, menos los hechizos que le pedían los clientes. La escoba que tenía estaba deshilachada y el palo se había quebrado en una de las caídas al perder el equilibrio; y ya no tenía fuerzas para hacer una nueva. El pañuelo negro que usaba para sostenerse el pelo largo, que se usaba en ese entonces, se le había quedado enredado en las ramas del roble alto que estaba en la esquina. La capa estaba toda raída y descolorida.

Un día llamó a su clientela y les dijo que ya ella no podía ejercer su profesión y que tenían entonces que convocar a todas las muchachas del pueblo que quisieran concursar para sustituirla. Se puso el anuncio en la pulpería del pueblito y se regó la bola entre las cogedoras de café. El anuncio decía: "Se busca muchacha soltera, delgada, sin inhibiciones ni prejuicios, y de mente liberal para sustituir a la brujita del pueblo". Llegó el día que se había convocado para escoger a la mejor candidata pero pasaban las horas y no llegaba nadie. Ya casi de noche llegó Juanita, la hija de Sofía, que era delgada y estaba soltera. Siempre pasaba bien arregladita para La Villa del pueblo, donde era admirada por su esbelto cuerpo. Vivían en el bajillo, cerca del desbarrumbo, despeñadero en donde estaba el crematorio. Fue la única concursante que llegó.

A Juanita le aconsejaron que fuera a visitar a la brujita viejecita para que le explicara todo lo referente a requisitos y secretos que conlleva el llegar a ser una buena bruja, así como para que le dijera lo que tenía que aportar la aspirante. Se reunieron por la noche y de lo primero que habló la brujita fue de los requisitos.

Revisemos estos "requisitos para ser una buena bruja". Lo más importante es que la persona posea atributos personales que le permitan percibir sensaciones que normalmente están vetados para la mayoría. No se habla de "poderes paranormales", sino de una sensibilidad o afinidad con el universo sutil que nos rodea. Demostrar un respeto total por la naturaleza. Creer en algo más allá de uno mismo. Creer en la existencia de un mundo invisible que atraviesa nuestra realidad. Se suele aceptar con mayor facilidad a personas que no teman el contacto con espíritus o entidades desencarnadas. Las brujas no imploran, no rezan, no saben orar: solo se comunican. Y así siguió la brujita hablando de las muchas cualidades que debe poseer una candidata a bruja. Al final de la entrevista la brujita le dio unos buenos consejos: "las mejores brujas son aquellas capaces de aconsejar sabiamente a su clientela. Aprender a manejar conocimientos acerca de plantas medicinales y raíces con propiedades mágicas. Y algo muy importante que debes saber es que todo aquello que hagas por los demás, ya sea bueno o malo, repercutirá sobre tu persona tres veces".

Y así siguieron reuniéndose por muchos días. Le habló de las cosas personales que tenía que conseguirse: un pañuelo negro, ojalá de seda, para amarrarse el pelo. En ese entonces todas las mujeres tenían el pelo largo pues era malo cortárselo. Un sombrero de pita con punta, y una capa negra. Había que tener una buena escoba, sin importar el material de que estuviera hecha. La más común era la de la planta de escobilla, que por cierto, la usábamos en el rancho para barrer el piso de tierra. Creo que todavía la usan en el campo, porque son muy resistentes. Los palos de escoba los hacían del palo de la mata de café, lo pelaban bien y lo lijaban y quedaba muy bonito. Las de verolís servían para sacudir repisas y muebles y, poniéndoles un palo largo, para barrer los techos altos, como las que usaban donde el abuelo Lico. Y las de millo, con palo de madera torneado, que usaban en casa de ricos. De ahí que la futura bruja podía escoger. Esta vecina se hizo una de la mata de escobilla, que por cierto le quedó muy bonita.

Ese mismo día la brujita le echó un polvillo blanco

en una cajita en la que vendían la pomada canaria (muy famosa por cierto en ese tiempo), para que se rociara el cuerpo al decir la palabra mágica y hacerse invisible. Otros buenos consejos que siempre le daba: ayunar para alivianar el cuerpo, dejarse crecer las uñas, amarrarse el pelo y llevar siempre el sombrero puesto cuando volara.

Ya terminaba de darle los últimos consejos y la mandó donde doña Sole, que hacía las veces de maquillista, para que le untara polvos y colorete en los cachetes, le rociara pachulí, le arreglara las cejas y le pintara las uñas y los labios, y le hiciera masajes en la nariz para alargársela un poquito más.

Regresó muy coqueta donde la brujita que la hizo acercarse y al oído y en voz muy bajita, para que nadie oyera, le dijo los últimos y mejores secretos brujeriles. Lista la aspirante y con todos los requisitos, le dio las últimas indicaciones: debía ir el viernes a las doce de la noche al cafetal de Chindo, subirse al árbol que ya de previo le había indicado y estando ahí subida tenía que desnudarse por completo, rociarse el polvillo que la hacía invisible y decir las palabras claves.

A Juanita le tocó decir "¡Sin Dios y sin María Santísima!" Y lanzarse al vacío, para salir volando. Al lanzarse dijo en voz alta "¡Con Dios y con María Santísima!" Cayendo hacia abajo, donde la recibió la cerca de piñuelas, llenita de espinas. Contaban que tardaron varios días sacándole las espinas que se le habían incrustado por todo el cuerpo.

Al tiempito murió la bruja viejita, y así fue que el

pueblito de la Cocaleca en donde yo crecí, se quedó sin bruja para siempre.

Sin Explicación

En el campo al no haber luz eléctrica, cuando llegaba la noche, venía la oscuridad. Había noches que cuando apagaban las canfineras todo quedaba en tinieblas, tan oscuro, que a uno chiquillo le entraba un frío que le helaba hasta los huesos. Había noches tan oscuras y nubladas que ni las estrellas se veían. El ambiente se tornaba muy oscuro. En ciertos lugares aparecían luces y nadie se explicaba de dónde venían. La gente decía que eran personas que habían fallecido y estaban en pena en el purgatorio, entonces el espíritu o alma de esta persona aparecía en la noche en forma de luz, del tamaño de una toronja. Nosotros la que veíamos era como ver la luna llena, solo que un poquito más pequeña, que se movía por encima de los árboles, dejando una especie de resplandor. Oír a la gente del campo hablando de las luces era algo muy común. Decían que los ricos enterraban la plata y el oro. No había bancos como ahora en donde guardar el dinero, y si morían con el dinero enterrado, se convertía en alma en pena. Y los pobres que morían sin haber cumplido promesas estaban penando. Claro que ofrecían montón de cosas cuando tenían una necesidad, y luego no las cumplían. Era una lista interminable: rosarios, novenas, misas, velas, limosnas.

Tengo que explicarles sobre las limosnas: el padre colocaba santos en la iglesia, para que la gente les llegara a pedir favores. Ponía una repisa donde colocaba la alcancía para que la gente echara las limosnas y en la misma repisa la piecita en donde se colocaba la velita que se le ofrecía al santo. El asunto es que muchas veces la platica apenas alcanzaba para comprar la velita. El problema era cuando se iban a confesar y no habían pagado la deuda, o se morían sin haberla pagado. Por eso se le aparecían a la gente en forma de luz, a pedir que les ayudaran a cumplir lo que debieron de haber hecho en vida y no hicieron.

Había santos para casi todo lo que necesitaban: Santa Marta les ayudaba a conseguir casa, San Antonio, novio. Santa Lucía traía alegría a los hogares, y así, había santos hasta para los viajeros.

Recuerdo cuando venía gente de otros lugares y se sentaban en las bancas del corredor del rancho a contar cuentos e historias, y siempre hablaban de las luces. Una vez contaron que a un señor del bajo de los Rodríguez le salía una luz de regreso a la casa. Una noche que venía con unos traguillos, al llegar al trillo (sendero) que daba al callejón para llegar a la casa, estaba muy oscuro. De pronto apareció la luz sobre los árboles, alumbrando el camino y él le preguntó ¿qué desea? y la luz bajó y se vino acercando, y lo que él veía era la cara de alguien que él trataba de reconocer porque toda la gente del pueblo se conocía, pero no pudo porque la imagen se veía un poco borrosa y fea. Dice que se fue para atrás, casi se desmaya y oyó una voz de ultratumba, él agarrado de un árbol con los ojos cerrados, que le dijo: "rece un rosario por las ánimas y me paga una misa", y desapareció. Contaba que "cuando abrí los ojos era una oscuridad tan grande que tuve que quedarme donde estaba sin moverme hasta que volví del encandilamiento y pude caminar. Claro, quedé curado, pero nunca más volví a ver aquella luz". Papá nos contó una vez que cuando él trabajaba en la finca de Doño Solórzano, cerca del centro de La Villa, siempre salía una luz al llegar a la esquina, en donde había unos árboles muy altos. Una mañana a las nueve, estaban volando pala y machete cerca de los árboles y uno de los peones cogió la pala y el machete y se los echó al hombro diciendo: ya no vuelvo a volar pala y machete, me voy para San José. Claro: se había encontrado la botija enterrada cerca de los árboles grandes. Nunca volvió a salir la luz.

Otras personas lo agarraban de broma; algunos pocos se animaban a hablarle a las luces y contaban que casi siempre lo que les pedían era favores. Entonces apareció el dicho: "Si es plata conmigo, y si es vela con tu (agüela) abuela."

También aparece el cuento de la luz de la loma que salía de una casa abandonada, a cierta hora de la noche, y de ahí se iba hasta un escusado viejo. Alguien se animó a ir a hablarle, y como tenía dudas le preguntó: "¿Es usted de este mundo o del otro?" Y oyó una voz que le dijo: "Ya que has tenido el valor de hablarme, tráeme un olote pa' limpiame".

Otros se dedicaban a asustar a la gente.

Papá una vez contó que cuando el abuelo Elías estaba joven se juntaba por las noches en La Villa con otros muchachos para ir a asustar a la gente; el gusto de ellos era asustar a la gente ingenua, que por cierto era mucha.

Algunas noches se iban a asustar por el potrero de Doño que quedaba muy cerca del centro de La Villa. Se conseguían una calabaza que colocaban sobre un tronco, le metían un trozo de candela, prendían la mecha y se iban al puente que estaba como a setenta y cinco metros de donde se podía ver la luz. Las personas que pasaban podían divisarla y ellos les decían: "una luz, una luz" y les indicaban en dónde estaba. La gente se asustaba y se ponían a rezar y a pedirle a Dios o algún santo que liberara esa alma en pena. Una noche, cuando estaban colocando la calabaza sobre el tronco, alguien desde el puente los agarró a balazos y casi los matan.

El Panteón (1940)

En los pueblitos como en el que nosotros vivíamos, la gente por su ingenuidad era muy supersticiosa y creyencera. Lo que no entendían por la falta de instrucción, decían que era del más allá. También había personas que se dedicaban a inventar cuentos y leyendas para asustar a la gente. Uno de esos era el panteonero (no había cementeristas). Hablaba de las ánimas en pena, que salían del cementerio para andar asustando a la gente.

Contaba que apenas oscurecía comenzaba a oír ruidos y luces que salían de los nichos. Era cuando los esqueletos salían a pasear. Y decía que muchas veces había oído unas voces fuertes que venían del fondo del cementerio, como cuando alguien discutía. Luego se oía otra voz que decía: "para vos", "para mí", "para vos" "para mí", y así seguía y seguía la voz repitiendo "para vos", "para mí", "para vos" "para mí", hasta que se dio cuenta que eran los administradores del bien y del mal repartiéndose las almas. Por eso de noche nadie pasaba solo por el frente del cementerio, porque les daba mucho miedo.

Contaba tía Caridad, la hermana de mamá que vivía cerca de nosotros en la Cocaleca, que una señora muy seria y muy valiente tuvo que ir a La Villa a buscar una medicina y le cogió muy de noche. Al regreso tenía que pasar por el cementerio y estaba muy oscuro, pues de seguro no llevaba foco. Dice que sintió mucho miedo al verse solita en aquella oscuridad y llegando al cementerio. Pero ¡y diay, tenía que pasar! Le urgía llegar con las medicinas lo más pronto posible. Miró al cielo y se encomendó a Dios. Al llegar al cementerio oyó voces de unas señoras que venían, y le volvió el alma al cuerpo. Así fue pasando por el cementerio cerca de ellas, buscando su compañía, y dándole gracias a Dios por ella. Ya habían pasado y quiso saber quiénes eran, porque por ahí casi todo el mundo se conocía. ¡Cuál fue su sorpresa que las voces y las señoras desaparecieron! Siempre nos decía que Dios había enviado a los ángeles de la guarda para acompañarla.

La luz de las Isolinas

Nos íbamos todos los chiquillos a jugar a la casa vieja de los primos. Cuando nos percatábamos que ya oscurecía, nos íbamos para nuestro rancho porque ahí dormíamos todos mientras terminaban de construir la nueva casa de los Sancho Ramírez. Salíamos agarrados de la mano porque estaba muy oscuro y teníamos que caminar como quinientos metros por una calle de tierra y barro. A los más chiquillos, yo de siete años, nos daba mucho miedo la oscuridad porque se hablaba del Cadejos, la Llorona, la Zegüa y muchos otros personajes que asustaban a la gente.

Pero la preocupación de nosotros y el miedo era ver una luz que salía del potrero, como a cincuenta metros de la calle, donde vivían doña Isolina, su esposo y tres lindas hijas.

Resulta que por ese entonces a esa familia le llegó una peste que nunca supimos de qué se trataba. Un día apareció enferma Lucrecia, la hija menor, quien podría tener unos dieciséis años y al tiempito murió. Luego Rosario la del medio y la mayor Teresa que tenía veinte años, también enfermaron y murieron. La madre, doña Isolina también falleció. Y como decían que era una enfermedad contagiosa nadie entraba a esa casa. La gente le andaba de largo por temor a contagiarse. Como eran muy pobres, cada vez a papá le tocó ir a solicitar ayuda económica para comprar la caja de madera, o comprar las tablas y hacerla para llevar a enterrar a la difunta. Así, la única persona que entraba a esa casa era papá para ayudarle a don Toño a poner el cadáver dentro de la caja y luego entre los dos sacarla hasta la calle, donde esperaban a los hombres para echarse al hombro el ataúd y llevarlo al panteón. En alguna ocasión vi al cura en el portón del cementerio, echándole agua bendita a la caja de la difunta.

Pasaba el tiempo y nosotros todas las noches veíamos una luz que salía de esa casa y se venía por encima de los árboles del potrero, alumbrándonos y llegaba hasta la cerca que era de unas plantas altas de caña brava, que no nos dejaba verla bien. Todos agarrados de las manos rezando el Padre Nuestro por las ánimas de las difuntas, y para pedir que la luz no nos hiciera daño. Un día estaba Rafael, mi hermano, en la casa cuando llegamos exaltados del susto al ver la luz; y nos dijo que le habláramos. "Hablen con ella, no sean pendejos, pregúntenle qué es lo que quiere". Otra vez pasábamos y otra vez la luz. Hasta que una noche cuando íbamos pasando y nos volvió a salir, yo me quedé parado al frente, mientras veía cómo se iban corriendo todos, alejándose, por el temor que le tenían. Era una luz como se ve la luna llena. Bajó un poco, la veía acercándose cada vez más y más. Se vino hasta la cerca, y le pregunté: "Qué se le ofrece?"; yo me asusté tanto que lo que oí fue una voz ronca entrecortada, como si fuera de ultratumba y no pude entender lo que dijo. Me fui para atrás, y casi me desmayo de lo asustado que estaba. Salí corriendo sin poder hablar, les pasé a los demás chiquillos, hasta que llegué a la casa, temblando y erizado del susto que me había llevado.

Mis hermanos y mis primos decían que la luz se vino pasando de árbol en árbol, hasta posarse en lo más alto del árbol de mango de doña Hortensia que estaba como a doscientos metros. Nunca más la volvimos a ver.

El Cuyeo y los Duendes

El cuyeo es un pájaro color café mezclado con plumas verdes y amarillas, un poquito más grande que el yigüirro. Tiene un canto muy especial y vuela casi a ras del suelo. Aparecía de pronto en el callejón saltando y volando bajito, casi siempre delante de los niños, más si andaban solos. Yo lo recuerdo bien porque algunas veces me salió adelante, muy cerca, casi que uno lo podía agarrar. Pero cuando nos acercábamos para agarrarlo, saltaba y así uno lo seguía pensando que lo iba a agarrar. De pronto el pájaro se salía del callejón y el niño sin percatarse lo seguía y cuando se daba cuenta estaba perdido. Por eso le decían "pájaro pierde niños". Se preguntaban: ¿A cuántos niños habrá perdido el cuyeo?

A los duendes los describían como unos personajes pequeñitos que vestían relucientes vestidos de colores que brillaban. Usaban grandes botas y un gorro como de lana o de algodón como los que usan los que se visten de San Nicolás. Vivían en el bosque y sólo se dejaban ver por los niños cuando ellos lo permitían.

Cuando nosotros nos pasamos al rancho de la Cocaleca, toda la gente hablaba de Anita, una niñita de 4 años que se había perdido, unos días atrás. Beleida, una prima de mamá nos contó la historia.

Anita, la hija de Juan y Rosario, se les salió de la casa desde temprano y no sabían donde estaba. Preguntaban a todos los vecinos si la habían visto, pero nadie daba razón de ella. Por la tarde, todos los hombres del pueblo salieron a buscarla. Rastrearon los potreros y cafetales pero no la hallaron, hasta que por fin cayendo la tarde la encontraron. Estaba del otro lado del río, y nadie se explicaba cómo había podido cruzarlo. Se fueron corriendo, y agarrándose de las piedras y nadando llegaron hasta donde estaba Anita. Se notaba alegría en su rostro, y nadie se explicaba cómo una niña solita en medio del bosque estuviera contenta hasta que ella les contó que estaba jugando con unos niños que le ayudaron a cruzar el río, y que estaban jugando con ella y acompañándola todo el tiempo. Se oían muchas versiones: unos decían que era el cuyeo, otros decían que eran los duendes. Estaba muy lejos de nuestra mente pensar que alguien se la había robado para hacerle un daño. Después de oír a la gente decir que Anita apareció del otro lado del Río Grande, en un lugar donde no había manera de que ella lo cruzara sola, ya que donde la encontraron no había puente, me imaginé que debían ser los duendes. La gente comentaba lo que Anita decía: que unos niñitos la habían ayudado a cruzar el río y que estuvieron jugando con ella.

Después oí a Beleida decir que "Anita se fue siguiendo un pajarito que le decimos el cuyeo, que vuela muy bajo y va saltando delante de los niños, tan cerca que casi se puede tocar y como ponen los huevos en el suelo, lo que hacen es alejar a la gente del nido".

Lo que creo que pasó es que Anita siguió al cuyeo y se perdió. Al estar perdida, los duendes la acompañaron hasta que la gente la encontró.

Relato de papá

Contaba mi papá que tenía siete años de casado con mamá (1935) y vivían en el rancho que había construido dentro de la finca del abuelo Lico Quesada, (Ñor Lico) en Buenos Aires de Palmares de Alajuela.

"Un día Ñor Lico llegó a mi casa, y me dijo: 'Urías yo creo que ya es tiempo que mis hijos Julio y Eliseo se casen. Sería bueno que usted los lleve donde una familia Campos, que vive en San Juan Norte de San Ramón. Es una buena familia de buenas costumbres, hacendados y de buenos recursos económicos. Van a encontrar varias muchachas buenas y bonitas para que escoja cada uno la que más le guste' ".

"No fue cuento. Unos días después alistamos las bestias, cargamos comida para el viaje y salimos tempranito rumbo a San Juan Norte de San Ramón a conocer las muchachas. Emprendimos el viaje sabiendo que eran muchas horas cabalgando y que era un viaje duro. Después de llegar al centro de San Ramón seguimos por unos caminos de barro y como estaba lloviendo muy fuerte, los caballos casi no podían caminar. El viaje se tornó difícil y teníamos que ir muy despacio. Después de varias horas de cabalgar todavía nos faltaba un largo trecho para llegar a nuestro destino. Cuando nos dimos cuenta ya era de noche. A lo lejos vimos luces, era una casa. Estaba un poco metida y desde el portón llamé varias veces. Por fin, alguien se asomó a la puerta y le dije que quería hablar con el señor de la casa. Me dijo que él era, le pregunté que si nos permitía refugiarnos en el corredor, mientras amainaba la lluvia y me dijo que únicamente al corredor. Desmontamos y sacudimos los gangoches y peleros para que se escurrieran. Le pedí agua para los caballos y me dijo que junto al portón había un tubo, trajo un balde y me dijo que cogiera el agua que necesitase. La lluvia era cada vez más tupida. Hablé con el señor; le dije que era un poco difícil seguir el camino y que si nos permitía pernoctar esa noche en el corredor. Asintió y así fue que tiramos unas cobijas, sábanas, sacos de gangoche y otros trapos en el piso de tierra del corredor. Sentíamos mucho frío ya que teníamos la ropa mojada y así nos disponíamos a dormir. Al rato oí que la puerta de la casa se entreabrió y una voz que decía que el rosario iba a comenzar y que si nos gustaría escucharlo." El rosario en el campo se rezaba todos los días, sin falta, era algo que no podía faltar en ninguna familia. Todos éramos católicos apostólicos y romanos. Rezar el rosario era una bendición y una sana y católica costumbre que venía de generación en generación y unía a la familia, que se reunía alrededor del rezador para ir contestando los misterios uno por uno. Los misterios gloriosos se rezaban los sábados y domingos; los gozosos los lunes, martes, miércoles y jueves, y los dolorosos los viernes. Papá le dijo: "si me permitiera, yo sigo el rosario" (es decir, sería el rezador de esa noche). "¿Usted sabe rezar?" Preguntó el señor de la casa. "Desde niño lo he rezado, junto con papá, mamá y mis hermanos, somos muy creyentes". El señor abrió un poco más la puerta y, al ver que los intrusos parecían ser buena gente, ya que sabían el rosario y podían rezarlo con ellos, le dieron la impresión de ser buenos católicos y cristianos, así que los dejó pasar a la sala. Papá dirigió el rosario esa noche y hasta fue felicitado por la forma de rezar. Tengo que explicarles que en cada hogar se le agregaban distintas oraciones: Ave Marías, letanías, el credo y muchas veces el espacio para hacer los ruegos o peticiones de todas las necesidades y si lo hacían con buena fe, el milagro aparecía y se les concedían los pedidos. Después del rosario todo cambió en cuanto a relaciones... "Nos aceptaron, hasta nos dieron un jarro de aguadulce bien caliente, y tortillas con natilla. Nos dejaron entrar para que pusiéramos las mantas al piso y durmiéramos en la sala de la casa". Papá les contó acerca de su familia y para dónde iban y cuál era la misión. Al amanecer, papá les ayudó a recoger las vacas que habían traído del potrero para ordeñarlas. Costó al principio, pero una vez que nos aceptaron todo fue muy cordial. Nos atendieron muy bien, hasta las muchachas de la casa nos sirvieron el desayuno. Un vaso de leche recién ordeñado, tortillas palmeadas con queso y café con leche. Ya llenitos, emprendimos el camino hasta llegar donde la familia Campos, cerca del mediodía. Seguramente el abuelo les había mandado un telegrama avisándoles de nuestra visita porque nos esperaban. Sentimos que estaban como de fiesta, había mucha comida, gallos de papa, tamal asado y tamal de elote, frijoles majados, aguacate, caldo de gallina y muchos otros manjares. Pasamos el día muy bien atendidos. De vez en cuando les recordaba a los muchachos el motivo del viaje. Usen el tiempo suficiente conversando con las muchachas y así poder escoger con cuidado a la que sería su futura esposa. Al día siguiente, salimos tempranito a recorrer parte de la finca con el señor de la casa y las muchachas. Fue un paseo muy lindo, rodeado de un paisaje lleno de vegetación. El río, cuyas aguas descendían desde una pequeña catarata, formaba una poza donde algunos se dieron un chapuzón. De regreso a la casa ya estaba listo el almuerzo: tortillas palmeadas acabaditas de hacer, frijoles majados con cebollita y culantro de un sabor delicioso, arroz, requesones, huevos duros, muslos de gallina tan grandes que parecían de gallo. Por la tarde, hablé con los muchachos y les pregunté si todo iba bien, cómo les había ido con las muchachas, si ya tenían a alguna escogida, y si estaban listos para el regreso. Me dijeron que sí. Nos alistamos para partir de vuelta a casa y al día siguiente salimos, muy temprano. Cuando regresábamos, uno de los muchachos le pidió a papá pasar por la casa en donde les dieron posada porque una de las muchachas le había atraído y quería volver a verla. Así fue que pasaron a saludar y Eliseo estuvo conversando con una de las muchachas, se despidieron y se fueron. Casi todo el viaje fue en silencio. "Un poco antes de llegar a la casa del abuelo les pregunté si habían escogido alguna de las muchachas, me dijeron que lo estaban pensando". No se habló del asunto por unos días hasta que el abuelo les preguntó que cómo les había ido y que si ya tenían los nombres de las escogidas. Uno de ellos, con mucho respeto, le preguntó que si era posible regresar de nuevo a la casa en donde les dieron posada porque una de las muchachas le había gustado. El abuelo le concedió el permiso y un mes después iba con ellos a pedir la mano de las escogidas.

Tobías Ramírez

*T*obías Ramírez, primo de mamá, era de contextura fuerte, espalda ancha y aproximadamente un metro noventa de estatura. Caballeroso y de buenos modales, conquistó el cariño y la estima de muchas personas, en parte porque ayudaba ocasionalmente a las familias más pobres del centro de Palmares con un diario. Siempre andaba bien vestido y cabalgando con uno de los mejores corceles del lugar. Amigo de muchos, aunque el poder que proyectaba también le generaba enemigos, y quizá había quienes envidiaban su estilo de vida holgada.

Papá contaba que él y su hermano eran mercenarios. Los contrataban para las revoluciones, en países centroamericanos. Eran profesionales en el uso de las armas. Cuando tomaba licor era arrogante. Algunas veces hasta entró a la cantina a caballo, desfondando los pisos de madera. Si le decían que el jefe político lo andaba buscando se iba para la jefatura, entraba a caballo, saludaba al jefe político y salía campante. Estaba prohibido cruzar la plaza del pueblo a caballo, pero él lo hacía de todos modos en aquella época, alrededor de 1940. Una vez, mientras cruzaba la plaza a caballo por la noche, mi abuelo Elías Pacheco le cogió las riendas. Tobías preguntó quién se había atrevido a semejante osadía, y al darse cuenta de que era el abuelo, le dijo: "Tal vez usted sea la única persona a quien perdono." En esa época, tomar las riendas de un caballo con su jinete cabalgando, y más aún las suyas, era una gran ofensa.

La policía empezó a tener problemas con su actitud, y un día, mientras Tobías estaba tomando y jugando naipes en el reservado de la cantina de Isidro Pacheco, ubicada en la esquina sureste de la plaza, entró un policía y le ordenó que saliera y se fuera de ahí. Como él se negó, el policía sacó su arma de fuego para dispararle. Con su cruceta, Tobías le cortó la mano, que cayó al suelo todavía empuñando el revólver. Esa vez, la policía de San Ramón, Naranjo y Grecia reforzaron a la de Palmares para apresarlo. Al día siguiente, que era domingo, salía la misa de siete, y todo el pueblo estaba en La Villa, esperando ver como lo apresaban. Tobías había llegado temprano a la barbería, que estaba diagonal a la esquina sur este del parque, con su amigo a quien apodaban "Zorra". Le recortaron el pelo y le hicieron la barba, y cuando terminó, ya la policía estaba rodeando el parque. Toda la gente estaba de un lado y del otro de la calle para ver el espectáculo. Tobías y su acompañante salieron de la barbería empuñando sus armas, montaron a caballo y cabalgaron lentamente por el centro de la calle, apuntando a la policía hasta salir del pueblo, rumbo a San Ramón, donde él se entregó. Salió de la cárcel rápidamente porque los testigos afirmaron que actuó en defensa propia.

En esa época, en las Minas del Aguacate había un grave problema de administración. La gente hacía lo que quería. Los centroamericanos, personas rudas, de malos hábitos y difíciles de tratar, eran vistos como atorrantes y sin formación cultural, y se les consideraba desalmados. La compañía que había comprado los derechos de explotación estaba arruinada y no podía hacer nada. Un día llegaron unos hombres a Palmares que tenían que ver con la mina, buscando a Tobías. Se pusieron de acuerdo y lo contrataron para que fuera a poner orden. Al día siguiente muy temprano estaba al frente de la entrada de la Mina. Los mineros iban llegando y él les decía que había nueva administración y nuevas reglas de juego: "nadie puede entrar a la mina a ninguna hora sin mi permiso. Al que lo haga, lo mato". Algunos como siempre rebeldes lo intentaron y ahí mismo cayeron abatidos por las balas del nuevo administrador. Les dijo que los que se quedaban bajo su mando debían obedecer sus órdenes y las nuevas reglas, y los que no, debían irse. Claro, muy pronto la mina caminaba como un reloj, y la Compañía Minera comenzaba a ganar dinero. Se decía que le habían pagado cien mil colones por hacer ese trabajo, que era mucho dinero en ese entonces. Luego regresó a Palmares, un pueblo tranquilo de buenas costumbres, que respetaba la forma de vida del campesino de aquella época, donde reinaba la paz. Tobías seguía tomando y desobedeciendo las normas que regían en el pueblo. La policía se disgustaba mucho con él, pero le temían. Muchas veces, llegaban hombres de otros lugares a buscarlo para retarlo a pelear, pues su fama de gran peleador trascendía los límites de Palmares. Cuentan que hubo veces en las que se enfrentaba a cuatro o cinco adversarios a la vez y siempre los crucetió y cinchonió. Mi abuelo Elías le advirtió: "Tobías, si sigue tomando y desafiando a la policía lo van a matar". Los "grandes" del pueblo y la policía no estaban de acuerdo con su comportamiento. Hasta que un día armaron un complot para contratar sicarios. Y algunos de los que creía sus "amigos" lo atacaron por la noche. Tobías estaba saliendo de la cantina y ya lo estaban esperando. Le dispararon; una de la balas le dio en la cabeza y cuando iba para el suelo, le pegó un tiro a uno de los malhechores. Otro, que lo esperaba junto a la puerta, le cayó encima y le pegó varias puñaladas que le produjeron la muerte.

El Milagro

*L*a Florida de Tilarán (1950) es un pueblito que por ese entonces estaba muy alejado de todo. Se llegaba a pie o a caballo, cruzando montañas y ríos. Ahí vivía tío Antonio, el hermano de mamá, con su mujer y sus hijos. Un día por la tarde salieron de compras su esposa y sus hijos mayores. Tío se quedó en el rancho con Rosario, la hija menor, que tenía cuatro años. La niña se fue a jugar al patio detrás de la casa. Tío estaba distraído y de pronto oyó que su hijita se quejaba, salió corriendo para ver por qué.

Al ver a la niña se llevó la sorpresa más grande de su vida. Una culebra enorme arrollaba a su hijita. No puedo imaginarme qué sentiría él en ese momento. Horas después, llegó su familia encontrando a tío tirado en el patio, desmayado y la niñita llorando a su lado. No podían imaginarse lo que había pasado, hasta que tío despertó y les contó: "Yo al ver que la culebra la arrollaba fui a traer un cuchillo y cuando estaba cerca se lo tiré y no supe más qué pasó. Ahora siento una gran alegría al ver que la niña está viva y que la culebra se había ido, dejando una huella muy grande en el patio y en mi corazón". Todos se hincaron y se abrazaron mirando al cielo y dándole gracias a Dios por el milagro de tener a su hijita con vida.

Años después conocí a Rosario, mi prima, cuando ella tendría unos 18 años, ya una muchacha muy hermosa. En esa ocasión me mostró, levantándose un poco el vestido hasta los muslos, las señales que la culebra le había dejado al intentar triturarla.

La Repartición

*P*ara llegar a la poza del Río Grande había que ir por una calle de barro y piedras, pasando por el "desbarrumbo", que era un guindo como de unos doscientos metros de profundidad. Ahí era el basurero del pueblo y en donde a veces se desbarrancaban las reses. Recuerdo verlas allá en el bajo. Una vez estuve en la repartición de la carne. Uno de los señores se dedicaba a la tarea de destazar. Luego la gente desfilaba con bolsas, sacos de manta y ollas para recibir su porción de carne. Según el tamaño de la familia, así era la cantidad que recibía: nosotros éramos quince. El otro aspecto que se tomaba en cuenta en la repartición era la cantidad de gente que se había dado cuenta y llegaba ese mismo día, pero siempre empacaban algún tanto para algunas familias que por algún motivo especial no pudieron llegar. Entre los que estaban ahí, hacían el favor de llevarles. Algunas veces nos quedamos viendo el acontecimiento hasta que se le daba fin al reparto: sangre, carne, vísceras, huesos, rabo, cabeza y al final creo que el repartidor se dejaba el cuero. En el lugar no quedaba absolutamente nada, solo el zacate aplastado por el pateadero de la gente y un poco de tierra que se tiraba encima del lugar en donde habían descuartizado al animal. A veces nos dábamos cuenta, ya tarde, que una res se había desbarrancado porque veíamos la zopilotada volando a cierta altura sobre el lugar: claro, la habían descubierto primero que nosotros; unos zopilotes disfrutaban del banquete mientras otros volaban alrededor.

Benito (1954)

Román, Claudia y Rafael se casaron; Mardoqueo se viene para San José y luego Manuel. Quedaba en la casa Benito de hermano mayor, y como mayor tenía la responsabilidad de cuidar a los menores. Siempre nos tenía que acompañar a donde nosotros íbamos (Gregorio, Juan, Carlos, Miguel, y yo). Cuando fallaba en algo recibía los castigos de mamá. Bernardita estaba muy niñita y Lidiette no había nacido.

Un día nos fuimos todos con Benito a visitar a Claudia que hacía poco se había casado con Roger y vivían detrás de la casa de Isaías Solórzano (Isayas). Pasamos una tarde muy linda y Claudia nos dio muchas frutas y nos hizo una comida muy rica. Ya nos alistábamos para regresar cuando se viene ese aguacero que lo mandaba tatica Dios. Esperando que escampara, nos cogió la noche y Claudia nos dijo que nos quedáramos a dormir. Fue maravilloso porque ella nos acostó a todos en el gran colchón matrimonial King size y se fue con Roger a dormir donde Isaías. Nunca antes había visto un colchón tan lindo y tan grande. Pasamos una noche de ensueño. Claro, no se le pudo avisar a mamá, aunque me parece que ella supuso que nos quedamos por el aguacero que caía. Sin embargo, como ella le había dicho a Benito que nos regresáramos tempranito, siempre lo castigó.

Los domingos nos alistábamos Benito y todos nosotros con la mejor ropa que teníamos para ir a la iglesia, a la misa de tropa, que era a las 9 de la mañana. Como era en La Villa nos gustaba mucho ir para cruzar por el parque. Mamá nos daba diez centavos a cada uno y con eso nos comprábamos el bollo de pan que abríamos para meter el helado que veníamos chupando por el camino. Un domingo después de misa íbamos llegando al bajillo del río y, antitos de llegar al puente en donde habían unos árboles muy altos, nos cayeron encima unos panales llenos de avispas (quita calzón) que habían alborotado con sus flechas, los hijos de Adán Solórzano. Salimos corriendo para la casa y una nube de avispas nos perseguía, picándonos por todo el cuerpo. Benito se quitó la camisa con la que envolvió a Miguel hasta llegar a la casa. Llegamos a la casa haciendo un alboroto por lo que mamá salió a ver lo que pasaba, pero no tuvimos que contarle, ya que podía ver por sí misma, al quitarnos la camisa, el montón de avispas que salían volando. Claro, nos bañaron con alcohol y pronto nos pasó el dolor.

La cantina y finca de Isidro Pacheco

Isidro Pacheco, el primo de papá, era el dueño de una cantina muy famosa que estaba en la esquina sur este del parque de Palmares. Decía papá que él iba los fines de semana a trabajar allí, pero no pudo seguir yendo porque le daba mucha tristeza ver que llegaban muchos de sus amigos y conocidos con el saquito de manta para ir a comprar el diario y le decían: "Urías, guárdeme el saquito", que papá ponía debajo del mostrador y así venía otro y otro; y ahí quedaban el montón de sacos. Ellos nunca salían de la cantina hasta terminar con el último centavo que traían para comprar la comida de la semana. Qué malas costumbres e irrespeto para el hogar porque llegaban a la casa borrachos y sin la comida de la semana. ¡Qué tristeza más grande para la mujer y los chiquitos porque tenían que pasar necesidades! Si la mujer les reclamaba, recibía una paliza. La pobreza iba aumentando y esos niños crecían hambrientos y desnutridos. ¡Razón tenía papá para no ir a trabajar ahí!

Papá le alquilaba a Isidro la finca del bajo de Esquipulas para sembrar maíz, frijoles, papa, y algunas veces hasta maní. Contrataba algunos peones que iban hasta el bajo a trabajar y le ayudaban con las siembras y la recolección de los granos. A veces yo iba con Gregorio o Benito a dejarle el almuerzo. Un día, cuando estábamos llegando, a mi tío Calixto, que a veces iba a ayudarle, lo mordió una culebra negra de un metro de largo. Se le colgó de la palma de la mano, justo en la parte gruesa donde comienza el dedo pulgar, lo que creo que se llama el Monte de Venus. Tío movía la mano para un lado y otro y la culebra se bamboleaba, sin soltarse, bien agarrada y ahí seguía tío enseñando la culebra a todos los peones. Yo no entendía que iba a pasar. ¿Cómo iba a soltar la culebra? Pero de pronto, con la otra mano, la jaló con tanta fuerza que se le puso roja la cara, hasta que logró arrancársela. Luego, la mató de un cuchillazo. Se le veían los pequeños huequitos y la sangre que brotaba de su mano. Cogió el cuchillo, bien afilado, y se rebanó el lugar donde lo había mordido. Absorbió la sangre con veneno y la escupió varias veces. Finalmente, sacó su pañuelo, se envolvió la mano y siguió trabajando como si nada hubiera pasado. Nosotros, sorprendidos, vinimos corriendo porque estábamos asustados de que le pasara algo grave y nos dijo: "Es la octava culebra que me pica, y ya soy inmune porque hasta la séptima picadura de culebra, el veneno puede hasta matarlo, pero la octava, ya no le hace nada a uno".

Otro día, llegamos a dejar los almuerzos y nos quedamos un rato; era verano y seguro estábamos de vacaciones. Las tardes eran muy lindas, con el sol y el viento tibio, no recuerdo si podíamos ayudar en algo, yo tenía como 7 años. Seguro solo esperando regresar a casa con papá. Ese día, le fue a ayudar a papá don Talí Arias, el papá de Edgar Arias, amigo y gran músico, poeta que le encantaba recitar y decir retahílas. Cuando iban a la casa don Talí con la concertina, Edgar con la guitarra y Paquillo con el requinto, se armaba el baile y nos alegrábamos muchísimo. Esa tarde en la finca, mientras nosotros esperábamos a papá, Don Talí se recostó en una piedra grande como para descansar y ahí permaneció por un rato. Papá le trajo una manta y el delantal para que apoyara la cabeza y pudiera descansar mejor, pero él no se movía, lo llamó varias veces, pero no respondió: estaba muerto. Hicieron una camilla con palos que amarraban con mecates, hojas grandes y bejucos que formaban una especie de andas como las que llevan a los santos. Ahí lo acostaron para llevarlo por un despeñadero, y tras casi una hora de subir la cuesta, lograron salir del bajo. Desde allí lo trasladaron hasta su casa, ubicada en el centro de Palmares. Mientras tanto, papá fue a ver al cura para que certificara la defunción.

Papá y San Isidro de El General

*E*l gobierno repartió a papá y a otros palmareños unas parcelas; terrenos para trabajar y cultivar en San Isidro de El General.

Era una montaña virgen y había que voltear y chapear el tacotal, para comenzar a preparar el terreno. Papá hablaba de 2 manzanas que era lo que recibía cada parcelero. Se preparó para viajar. Había que llevar comida para el viaje y la estadía, que era de 15 a 20 días.

Comenzaban el viaje entrando en la montaña por trillos y senderos. Como a medio día de caminar, encontraban un sesteo o lugar para descansar y como había fogón de leña, calentaban la comida. Luego había que seguir caminando hasta llegar ya anocheciendo, a otro sesteo para comer y dormir. Y así seguir por 2 o 3 días hasta llegar a la parcela. Una vez ahí, a ver por dónde le entraba. Comenzaron a cortar árboles, recoger las ramas y la hojarasca, y una vez amontonadas les prendían fuego para luego limpiar el terreno y prepararlo para comenzar a sembrar. En el siguiente viaje, ya limpio parte del terreno, comenzó sembrando semillas de diferentes hortalizas, pensando tener algo que comer al regreso. ¡Qué va! Estaba peladitico, los bichos todo se lo comieron. Luego papá se quedó pensando. Claro, es lógico un sembradío en medio de la montaña, en donde hay tantos animalitos buscando comida.

Había que seguir viajando y sembrando, no podía descuidar la parcela porque se la quitaban.

"Emprendíamos el viaje con las alforjas llenas de comida. De camino teníamos que pasar al frente de algunos ranchos de familias muy pobres que no tenían nada que comer. Abríamos las alforjas y sacábamos comida para nosotros y la compartíamos con ellos. Más adelante, otra familia, y otra, tal vez con niños, y sabíamos que nos íbamos, y no tenían ninguna clase de alimento. Entonces les dejaba la poca comida que quedaba en las alforjas. Llegábamos a la parcela con las alforjas vacías". El asunto era que había que trabajar el tiempo que permanecían allí, sin nada que comer. Contaba que algunas veces pasaron comiendo solo surtubas y palmito por ocho días. Otras veces se iban a montear y cazaban algún tepezcuintle o armadillo.

En otro viaje cuando llovía muy fuerte, vieron una casita metida en el bosque y pensaron que podían refugiarse allí, tocaron a la puerta y salió una señora y los invitó a pasar. Algo estaban cocinando porque olía muy rico. Pasado un rato vino un señor con un plato ofreciéndoles gallos de carne muy bien preparada y adobada y les supo muy rico. Ellos en agradecimiento compartieron algunos de los alimentos que llevaban. Cuando salieron para seguir el viaje, uno de los compañeros acostumbrado a esos andares les preguntó que si se habían dado cuenta qué clase de carne era la que habían comido y papá le dijo que no. "Pues es chuleta de boa bien arreglada"; papá se sorprendió y disimuló, sólo dijo que la habían adobado muy bien.

Dice que un día caminando por media montaña encontraron dos niños junto a un caballo que se había caído. La carga que llevaba era muy pesada y no se podía levantar. Papá les preguntó por sus padres, a lo que contestaron: "nosotros tratamos de soltar la carga pero no hemos podido". Cuando la soltemos, uno de nosotros debe de ir a avisar, mientras tanto el otro cuida la carga, por eso vinimos dos.

Otro día, ya en los últimos viajes que hacía, venían de regreso a la casa muy trabajados y con poca comida. A lo largo, vieron a un tigre echado en el camino, única vía por donde tenían que pasar. No había de otra, había que enfrentarlo. Papá nunca usaba armas, solo un cuchillo amarrado a la cintura. No podían echarse atrás y no había otro camino. Tenían que seguir. Se encomendó a Dios y le dijo: "si este es mi último día así será, que se haga tu voluntad, y si no, que el camino sea despejado". Siguieron caminando hacia donde estaba el tigre, decididos a enfrentarlo, y de pronto el animal se paró y se fue.

Era tan difícil seguir trabajando de esa manera, viajando tan largo que pensó hacer un rancho en la parcela para irnos a vivir allá. El problema era, bueno eran varios, que no había los servicios principales: ni luz, ni agua. El pueblo más cercano estaba a una hora de camino, era un lugar inhóspito y claro, el mayor de los obstáculos, no había escuela cerca. Era un lugar imposible para nosotros. Por eso fue que cuando Mardoqueo le dijo a papá que se viniera para San José, él, analizando la situación, prefirió eso y así fue como nos vinimos para la ciudad.

Febrero 1954

*C*uando salimos de Palmares y llegamos a la ciudad de San José todo era diferente: los vecinos, las casas pegando unas con otras, las costumbres, la manera de vestir. Cuando hablábamos todo el mundo notaba que éramos campesinos. A los campesinos les decían polos o maiceros porque las expresiones al hablar nos delataban. Decíamos Tatica Dios, acuantá, la media de las diez, pobrecitico, ahoritica, tatica Elías, etc. Nos persignábamos y algunos al acostarse decían el bendito, usábamos medallas y escapularios para librarnos del mal; decíamos papá y mamá. Era prohibido decir malas palabras, y mis hermanos mayores nos corregían de inmediato cuando llegábamos con dichos de pachucos. Teníamos que estar dentro de la casa, "la calle es sólo para problemas y malas costumbres", decía Mardoqueo. Un día estábamos en el corredor y él nos dijo que nos fuéramos para adentro a hacer las tareas o a leer porque ahí no estábamos haciendo nada. La nostalgia llegaba hasta lo más profundo del alma. Todo me hacía falta: el trinar de los pajaritos, el pío-pío, el cacareo de las gallinas y el canto del gallo por las mañanas; el sonar de las carretas, el correr por los potreros y cafetales; los juegos con bolinchas, trompos y todo lo demás. Ya no teníamos que salir al escusado ni al cafetal detrás de la casa, que era nuestra costumbre, porque teníamos inodoro. Sólo salíamos de la casa a la escuela. Ya no teníamos ni trillos, ni callejones con cercas de árboles de jocotes de un lado y otro de la calle; lo que se veía era una fila de casas pegando unas con otras. Ya no había trapiches con portones abiertos para pasar a comer dulce, sobado, cachazas y pericos. Las calles ya no eran de tierra, ni lodo que uno sentía en las plantas de los pies, sino asfalto caliente. Ya no se decía adiós, ni buenos días a la gente que se topaba porque no nos conocíamos. Ya no se necesitaban las canfineras ni las carburas. La luna y las estrellas dejaron de ser importantes, no se necesitaban para cuando salíamos por la noche. Ya no había oscuridad. Hasta los cuentos de sustos se quedaron en la Cocaleca. Ya no había árboles para subirse a coger frutas de mango, banano, guayaba, naranja, o jocote, teníamos que ir a la pulpería a comprarlas. Sólo los recuerdos quedaron de cuando íbamos con Carmen, mis hermanos y primas a sentarnos debajo de un árbol de mango o de naranja con una bolsita con sal, a comer las frutas que alguno apeaba. Ya no había paseos donde Doña Enriqueta al bajo del hoyo, ni a la poza del Río Grande, ni visitas de las primas y primos, sólo la imagen en nuestra mente, para recordarlos por siempre. Sé que hay muchas otras cosas que debimos soltar y dejar allá porque no cabían en la maleta.

El árbol de mango de los vecinos

*Y*a teníamos tres meses de vivir en la Y Griega cuando una noche, como a las siete, estábamos Carmen y yo (ella de catorce y yo de diez) en el patio detrás de la casa y me dice: "¡José! Vea aquel palo de mango, ya tiene unos maduros". Yo me quedé viendo, estaba un poco oscuro y no se podía ver bien. Le dije: "está en el patio de los vecinos", que era un predio grande, con árboles y matas de café y otras plantas. Ella se metió a la casa, regresó rapidito con una bolsa y me dijo: "¡vamos!". Nos pasamos por debajo de la cerca de cedazo que era como de tres metros de alto y seguimos caminando. Llegamos al árbol, me dio la bolsa y se subió. No fue cuento, comenzó a tirar mangos, pero de pronto se abrió la puerta de la casa de los vecinos, y las gallinas comenzaron a cacarear subidas en un árbol cercano. Oí una voz fuerte que decía: "María, ¡se están robando las gallinas!". Yo me quedé paralizado por un instante, pero al ver que venía un hombre con un rifle en la mano y un perro grande, salí corriendo y choqué con el cedazo, que me lanzó como a cinco metros. Ya no tenía chance de regresar, me fui corriendo a salir a la calle y lo logré. Casi se me sale el corazón. Regresé a casa calladito y me metí debajo del piso, que era un poco alto, a pedirles a todos los santos y a ofrecer promesas para que no le hicieran daño a Carmen. Yo temblaba del susto y más porque Carmen no aparecía. Los minutos se hacían años. Yo seguía ahí sentado esperándola y rezando Padrenuestros y Ave Marías. Y como no venía, me supuse un montón de cosas: que el perro la había mordido, o seguro ¡que la habían agarrado y se la habían llevado para la cárcel! Y ahora, ¿qué íbamos hacer? Y ahí seguí pensando, ya casi me quedaba dormido cuando de pronto sentí que me tocaron por detrás. ¡Ay Dios mío! Era Carmen. "¿Qué pasó?" Le pregunté. "Como usted salió corriendo, yo me quedé calladita en el árbol mientras lo perseguían a usted. Ahí me quedé hasta que la gente se fue para la casa, cerraron la puerta y me vine".

El Seminario

$\mathcal{E}$n el año 1956, estaba cursando el sexto grado en la escuela Joaquín García Monge en Desamparados, cuando llegaron unos padres norteamericanos, que decían ser de la Orden Frailes Conventuales Franciscanos, repartiendo unos panfletos. Yo me traje uno para la casa, y mamá se puso muy contenta cuando lo leyó. Al año entrante, iba yo con papá para el colegio Seminario que estaba en San Antonio de Belén. Me acuerdo que llegamos casi anocheciendo. Era un edificio nuevo, al frente había una puerta grande y alta con unas graditas, y ahí puso papá la valijita y se fue, porque apenas tendría tiempo para coger el tren. Por ahí andaban algunos chiquillos como yo y me ayudaron a llevar la valija hasta el dormitorio. Nos llamaron al comedor y después pasamos al dormitorio de los nuevos, un salón grande; éramos más de 20 chiquillos, casi todos de la misma edad. Apagaron la luz y al ratito comenzó la bulla: unos hacían como gato, otros latían, otros hacían ruidos de toda clase, unos callaban a los otros y comenzó la guerra de almohadazos. Hasta que prendieron la luz y entró un cura enorme.

Todos nos tiramos a la cama y quedó todo en silencio. El padre Tadeo nos dijo: "junten todo lo que han tirado. Ya es la hora de dormir".

Al día siguiente nos reunieron en un salón donde nos dieron la bienvenida y explicaron lo que estaba permitido y lo que no. No podíamos tener dinero, era prohibido salir de la finca en donde estaba el seminario, no debíamos subir a los dormitorios durante el día, excepto que estuviéramos enfermos. Había un horario que debíamos cumplir: levantarse a las cinco y treinta de la mañana, misa a las seis, luego el desayuno, y treinta minutos para prepararse para las clases que comenzaban a las siete. A medio día era el almuerzo, y luego teníamos libre hasta las dos de la tarde que comenzaban las clases de nuevo hasta las cinco. Después de la cena teníamos recreo hasta las siete, hora de las oraciones y luego a dormir.

No nos faltaba nada, teníamos de todo: cancha de fútbol, béisbol, voleibol, juegos de mesa como tablero, ajedrez, pimpón y monopolio. Hacían campeonatos en donde participábamos todos.

Las lecciones seguían con un programa diferente al del Ministerio de Educación. Las materias de Historia y Geografía eran de Estados Unidos y se hablaba inglés más que español. Las demás materias: ciencias, química, y matemática, podría decirse que eran muy buenas. Para química, hasta laboratorio teníamos.

El edificio del seminario estaba en una finca a cien metros de la calle, en San Antonio de Belén, cerca del Balneario de Ojo de Agua y del aeropuerto El Coco (hoy

Juan Santamaría). En ese entonces se viajaba en tren desde San José.

Estuve internado en el seminario por dos años. Alejado de mi familia y del mundo que me hicieron mucha falta, y más los primeros tres meses.

El Coro

Me integré al coro del seminario porque siempre me había gustado el canto y ya había estado en el coro de la escuela. Aprendí a cantar en latín la misa de Angelis, de Mozart y las Ave Marías de cada misa. Los cantos de Navidad en inglés y algunas canciones en español. Como tenía una voz de tiple, hacía siempre los tonos más altos y agudos. Un día, el profesor nos dijo al compañero Umaña y a mí que había que practicar los cantos de la misa de Angelis porque teníamos que cantar en la inauguración del aeropuerto El Coco. Llegó el día y estaba comenzando la misa cuando me dijeron que el compañero Umaña estaba indispuesto, y me tocó cantar el Ave María solito. Terminó la misa, y seguíamos en el mezzanine de la capilla del aeropuerto, cuando llegó la Primera Dama, esposa del presidente Figueres y otras señoras a felicitar a la cantante del Ave María. El director del coro me señaló y dijo: ¡fue ese chiquillo! La primera dama se sorprendió, me dio un fuerte abrazo y me felicitó, al igual que las otras señoras. Siempre he llevado ese momento en mi corazón como un lindo recuerdo.

El Avión de Guerra (1958)

Una tarde estábamos sentados en una terracita que había detrás del edificio desde donde se podía ver el aeropuerto. Vimos un avión que iba a aterrizar, tocó tierra y se volvió a elevar en dirección a nosotros. Uno decía "si cae por aquí yo recojo la billetera", otro decía "yo el reloj", otro "la cadena", en esa conversación estábamos cuando vimos que el avión venía en dirección al edificio y no podía elevarse, dio un giro y quiso aterrizar en la plaza, pero había estudiantes jugando. Trató de elevarse de nuevo, pero no pudo, se fue hacia el cafetal pegando con las copas de los árboles, y cayó en un frijolar vecino. Salimos corriendo hacia donde vimos que había caído. Llegué de primero, me asomé por la ventana y vi que al piloto le sangraba la frente; estaba prensado. Nos dimos cuenta que estaba vivo porque algo trató de decirnos, pero no le escuchábamos. Oímos la voz de un estudiante de años superiores que gritaba: "¡apártense del avión porque puede explotar! Al ratito llegaron dos sacerdotes, uno de ellos había sido capellán en la segunda guerra mundial. Quebró los vidrios y pude oír cómo el piloto se quejaba; le soltaron la faja del cinturón y cuando lo sacaron, las piernas le sangraban. Ya oíamos venir las ambulancias. Todos los chiquillos rodeamos al avión con un mecate para que la gente no pasara. Había balas grandes por todo lado, que íbamos recogiendo y enterrando; yo guardé una por muchos años.

Hace como 25 años salió en el periódico La Nación

una foto del avión, del piloto y de nosotros los estudiantes del seminario, sosteniendo el mecate alrededor del avión. En la entrevista el piloto hablaba del accidente del último avión de guerra que tuvo Costa Rica, donde explicaba que en 1955 el gobierno de Estados Unidos le había donado tres aviones de guerra a Costa Rica cuando Figueres era presidente porque un grupo grande de partidarios de Calderón Guardia había tratado de derrocarlo entrando por la frontera con Panamá.

El Cañal

Un día tranquilo estábamos en un recreo cuando oí que varios estudiantes planeaban ir al cañal del vecino que colindaba con la finca del seminario a coger cañas y yo me apunté. Recuerdo que salimos en fila por detrás del edificio, hasta llegar al portón del cañal; de pronto salió un señor mayor y los que iban adelante lo empujaron y entraron. No me pareció correcto, me devolví al cafetal y me subí a un árbol desde donde podía ver a los estudiantes cuando traían cargas de caña al cafetal, y las cubrían con ramas secas. Al ratito oí una campana llamando a presentarse de inmediato. Me bajé del árbol luego que todos se habían marchado y me vine despacito y me presenté en el salón en donde ya estaban casi todos los estudiantes de pie y en fila. Un sacerdote estaba diciendo que de ahí no se moverían hasta saber quiénes fueron a robar caña donde el vecino. Pasaba el tiempo y los minutos se hacían largos. Ahí seguíamos de pie, unos se agachaban para descansar un rato, pero nadie decía nada. De pronto se me subió el Pacheco, pensando que los que no habían ido no teníamos por qué estar ahí de pie esperando y me fui al frente y dije: "los que fueron que comiencen a pasar al frente para no tener que acusarlos"; se oyeron voces diciendo que yo también había ido. Y el sacerdote dijo: "los demás pueden retirarse", yo iba saliendo con ellos cuando el sacerdote me preguntó si yo había ido, le respondí que sí pero, que cuando había visto que empujaron al señor, desistí de entrar.

El Trabajo de los Sábados

Como los sábados no teníamos lecciones nos ponían a trabajar limpiando piezas de mosaico manchadas, o recogiendo basura que hubiese alrededor del edificio; a veces no teníamos mucho que hacer así que pasábamos unas maderas y sobrantes de construcción del edificio de un lado para otro. En otras ocasiones, íbamos a chapear y limpiar de hierbas el cafetal. A mí me gustaba mucho porque amolaba un machete como lo hacía papá, me cuadraba como haciendo competencia y solo paraba para tomar agua. Un sábado estábamos "volando machete" cerca del edificio, cuando llegó uno de los sacerdotes y me dijo: "venga conmigo". Lo seguí sin decir palabra. Nos montamos en un microbús Volkswagen que era el que ellos usaban y de camino me dijo: "vamos a hacer compras porque usted es el único que trabaja; los puedo ver desde el dormitorio". Eso era como un premio, salir al mundo y respirar otro aire, siempre se lo agradecí.

Un Partido de Fútbol

Estábamos jugando uno de los últimos partidos para definir el campeonato y nos tocó jugar contra los de cuarto año. Recuerdo que fue uno de los partidos más duros que habíamos jugado. Teníamos una gran barra, hasta algunos sacerdotes nos apoyaban, seguro porque éramos más jóvenes. El partido estaba empatado; de pronto le adelantaron sobre la defensa una bola a Molina, que era el mejor jugador y el más alto del Seminario. Yo siempre jugaba de centrodelantero, pero en ese momento estaba un poco atrás y salí corriendo por un lado de la plaza. Sólo recuerdo ver a Molina acercándose al marco, corrí tanto que cuando levantó la pata para meter el gol, yo me barrí y me tiré debajo de los pies. Los dos salimos rodando, yo debajo y nos fuimos rastrillando por los terrrones secos porque todavía no le habían puesto zacate a la plaza. El árbitro pitó penal. Ya colocaban la bola en el punto para ejecutarlo y uno de los sacerdotes gritó: "¡Esperen! No puede haber penal, José es un niño y Molina un hombre, hay mucha diferencia y sería muy injusto que se castigue igual". Los de la barra contraria reclamaban y se armó el alboroto. El árbitro sonó el silbato y dio por terminado el partido. Molina y yo tuvimos que ir a la enfermería para que nos curaran los raspones que eran muchos.

Monopolio

Por las tardes cuando llovía, nos reuníamos en el salón de juegos. Ahí escogíamos lo que queríamos jugar.

Una vez nos pusimos a jugar monopolio. Recuerdo que nos sentamos alrededor de la mesa cinco compañeros y nos cuadramos a jugar. La partida cada vez se ponía más emocionante, al ratito ya teníamos casas, hoteles y propiedades. El juego seguía poniéndose más emocionante y el dinero escaseaba en algunos jugadores. En un momento determinado, una mirada muy disimulada de un jugador al banquero me hizo sospechar que algo no andaba bien. Les puse mucho cuidado y, claro, resultó lo que me temía: el banquero le estaba pasando rollos de billetes por debajo de la mesa. De pronto me entró un coraje y levanté la mesa tirando dados, billetes, tarjetas, que volaban por todo lado. Rompí desde billetes hasta el mismo cartón del Monopoly, todo lo hice trizas. La sala quedó en silencio y me preguntaban qué había pasado. No podía hablar hasta que llegó uno de los Sacerdotes y se me quedó viendo. Le dije: "pregúntele a este compañero (que era el banquero) lo que pasó". Todos quedamos en silencio y el cura le dijo que lo acompañara y mandó a recoger los restos del Monopoly que ya eran basura. Luego supe que obligaron a los padres del banquero a reponerlo. A mí nunca me dijeron nada.

El juego de tablero

Practicábamos muchos juegos "de mesa" pero el que más me llamaba la atención era el tablero porque desde que era un niño de 4 o 5 años ya jugaba en los tableros que papá pintaba en las bancas del corredor del rancho. Cuando no jugaba, podía ver a los mejores tableristas del pueblito y a otros que venían de afuera. Todos los años hacían campeonatos de tablero en el seminario y ese año participé. Había que enfrentar a unos veinte jugadores; les gané a todos mis compañeritos y luego me tenía que enfrentar a los de años superiores. Entre ellos estaba el campeón del año anterior, un muchacho de Paso Ancho de Cartago que era el último que tenía que enfrentar en la final. Llegó el día y la hora, nos sentamos uno frente al otro y una barra grande rodeaba la mesa, incluso algunos sacerdotes. Comenzó el juego y le tocó a él mover o salir de primero. Yo lo fui siguiendo y contestando sus movimientos. El juego seguía muy parejo, hasta que en un momento yo lo ataqué y le gané una ficha. Eso lo debilitó y me dio chance para seguir atacando con más fuerza hasta vencerlo. Fui aplaudido y felicitado por la barra y los padres que estaban viendo el juego. Fui campeón de tablero del Seminario del año 1958.'

Retiros Espirituales

Una vez al mes teníamos retiros espirituales. Ese día no había clases y solo teníamos que meditar. Pasaban las horas y yo me aburría, sin nada que hacer. Hasta que un día se me vino la idea de entrar a la biblioteca. ¡Esa fue la salvada! Había oído hablar de San Agustín, de Santo Tomás, de Séneca y Kant y de los filósofos Sócrates, Platón y Aristóteles, y ahí los encontré. Fue algo maravilloso porque pude conocerlos y siempre me han acompañado.

El campeonato de pimpón

En el último partido me tocó enfrentarme con un alumno de cuarto año, un muchacho muy ágil y buen jugador. Ya me había enfrentado con él en algunas ocasiones. De nuevo había una gran barra. El partido dio inicio y luchamos con mucho coraje. En determinado momento él iba adelante y yo lo seguía de cerca, y otras veces yo cogía la delantera, y así seguía el partido muy reñido. Ya eran las últimas jugadas y yo me impulsé para mandar el paletazo y la bola fue atajada por un miembro de la barra de él que metió la mano. ¡Otra vez! Aunque parezca mentira, me subí a la mesa de pimpón y saltaba sobre ella hasta que la quebré. Llamaron al director y le dijeron: "¡Pacheco se volvió loco!" Mis compañeritos le explicaron lo que pasó y al muchacho lo castigaron. Le dijo el director que sus padres tenían que pagar por la mesa. A mí me dijo que recibiría el premio de campeón de pimpón. Lo "de loco" no lo mencionó. Así terminó el campeonato.

Las Visitas

Nos permitían que los familiares nos visitaran una vez al mes. Era muy lindo ver a alguien de la familia llegar. Una vez llegó mamá, no recuerdo bien con quien, creo que era Benito. Ella tenía la cara despellejada y me asusté mucho. Me contó que había puesto a hervir leche en un tarro de avena Quaker con la tapa puesta, y éste había explotado, quemándole la cara. Ese día se me llenó el corazón de amor; fue muy lindo verla y estar un rato con ella porque hacía varios meses que no la veía. Me di cuenta del amor tan grande que uno siente por la mamá, yo todavía era un niño de 14 años.

Un día llegaron a visitarme Carlos y Miguel de 10 y 8 años. Fue algo muy bonito verlos venir por el corredor del edificio, dos machillos descalzos, con las paticas muy blancas. Todo el mundo tenía que ver con ellos, y decían: ¡Tan niños y solitos! Hasta los sacerdotes me decían: "¡Qué valientes, porque han venido a visitarte solitos!" Estaban un poco asustados contando que cuando venían, un toro andaba suelto por media calle y debieron esperar tamaño rato hasta que vino un vaqueano que lo sogueó y pudieron pasar.

Los Premios

Finalizando el año lectivo entregaban premios en todas las materias a los estudiantes destacados con cuadro de honor y a los estudiantes que habían realizado alguna obra importante durante el año que beneficiara a la institución o a los estudiantes. Ese año (1958) recibí el premio de mejor jugador de fútbol y goleador del año; también recibí el premio de campeón de tablero. Tenía el premio del mejor jugador y campeón de pimpón pero no lo recibí por circunstancias que ustedes ya conocen.

Los premios los entregaban en la oficina del director que quedaba en la segunda planta del edificio. Cuando me llamaron me sorprendió ver a varios sacerdotes que acompañaban al padre Beltrán, el director. Yo entré y me recibieron con mucho entusiasmo, felicitándome conforme iba recibiendo los premios. Entre ellos estaba el padre Tadeo, un sacerdote que siempre nos acompañaba. Creo que era el encargado de velar por los estudiantes y era muy querido. Se levantó de la silla, me dio un abrazo y me dijo: "lo felicito muchacho, usted es un buen seminarista, de los mejores que hemos tenido" (Yo era muy entusiasta para casi todo). "Nosotros tenemos un buen concepto de usted y lo admiramos; ya vimos cómo has ganado varios premios y me sorprendió con qué facilidad ganó el campeonato de tablero; usted es muy inteligente". Yo lo interrumpí y le dije: "Vea padre Tadeo, no es la inteligencia la que me ha hecho campeón de tablero sino la práctica. Juego tablero desde que tenía 4 años". Todos me volvieron a ver.

El padre Tadeo seguía hablando y dijo que veía en mí a un buen aspirante a sacerdote. (Por cierto una vez recuerdo que subí al dormitorio y lo vi parado frente a la ventana con la vista perdida, ido. Yo me quedé viéndolo y de pronto me volvió a ver y vi que estaba llorando; para mí, un niño, fue algo impactante. En ese momento pensé: un padre tan grandote, casi un gigante, ¿cómo es posible que llore? Se vino hacia mí y con una voz entrecortada me dijo: "Hace 25 años le pedí a Dios que me hiciera un milagro y ¡hoy me lo concedió!")

Y otro cura, el padre Mannus (que había sido capellán en la Segunda Guerra Mundial), a quien yo notaba como muy liberal y abierto al mundo (he pensado que no tenía tanto espíritu o vocación de sacerdocio como los otros), no sé qué vio en mi y dijo: "El sacerdocio es una sotana para toda la vida, estás muy joven y a tiempo para pensarlo. Y vino a mi mente una pantalla mostrándome mi vida y todo lo que había en ella y diciéndome "¿que estás haciendo aquí?".

El director, que hoy todavía no me explico si quería que yo siguiera de seminarista o no, me dijo: "En nuestra Orden hay tres votos que cumplir: el de pobreza, el de obediencia y el de castidad". Si es como yo pienso, no soportaría la pobreza. Yo sentía que mi mente me decía que a veces me era muy difícil obedecer, pues sacaba libros de la biblioteca escondidos debajo de la camisa para leerlos en el baño, desobedeciendo la orden que decía que esos libros no eran aptos para niños. No sabía qué significaba la castidad, nunca había oído esa palabra. "¿Qué es la castidad?" Pregunté. Uno de los sacerdotes me contestó: "Los sacerdotes no se pueden casar". Y me dije: "¡Qué barbaridad!" Yo ya tenía una noviecita en el barrio. Me quedé pensando que primero uno tenía noviecita, que luego me casaría y formaría una familia.

No podía hablar, la cabeza me retumbaba. En ese momento me di cuenta de lo que significaba ser sacerdote y la razón del Seminario. Tuve muchos pensamientos que giraban alrededor del por qué yo había estado allí, y digo había estado porque en mi corazón, y en mi mente, yo ya estaba muy lejos. Bajé las escaleras corriendo y vi a varios estudiantes caminando como robots. Yo les gritaba: "¿Saben qué están haciendo aquí?" Ellos no entendían y decían: ¡Pacheco está loco!

Me devolví a la oficina, algunos padres se habían retirado. Y le dije al director: "Me voy, ya me voy de aquí, no quiero estar un minuto más". El padre con mucha calma vino a donde estaba yo, me puso una mano sobre la cabeza y me dijo: "tranquilo que ya se le pasará. Son las siete de la noche, vaya a acostarse y mañana hablamos porque en este momento no se puede hacer nada". "Usted no entiende padre, es que yo ya no estoy aquí".

No dormí esa noche ni la siguiente porque cada vez que iba hablar con el director me decía lo mismo. Faltaba muy poco para terminar el año y ya casi me podía ir para la casa. Me sentía como sonámbulo y de verdad ya no estaba ahí. Mis pensamientos vagaban, iban y venían. Tenía un compañerito de Cartago que se me acercó y me dijo: "¿Es cierto que te quieres ir? Zafémonos mañana por la madrugada". Al día siguiente, a las cinco de la mañana, ya estaba listo con mi valijita esperando al Chino. Cuando llegó le dije: "Hay un inconveniente, no tengo dinero para los pasajes del tren". Me dijo: "Yo te lo pago", y salimos corriendo por detrás del edificio por dentro del cafetal, hasta llegar a la calle que nos llevaba al centro de San Antonio de Belén en donde estaba la estación del ferrocarril. El tren pasaba a las seis de la mañana.

Llegamos a la Estación del Pacífico en San José y como no tenía dinero, me eché la valijita al hombro y me fui caminando hasta la casa. Llegué temprano a mi casa y les dije que ya habían terminado las clases en el seminario. Me sentía libre y le daba gracias a Dios de haber salido de ahí. Como a los 15 días llegó una gran carta a la pulpería y yo la recibí. Hablaba de la irresponsabilidad de lo que yo había hecho al zafarme del Seminario y que hasta ese día habían terminado las clases. Rompí la carta y me fui para el seminario muy enojado. Le dije al padre que me recibió que no quería que enviaran otra carta más a mis padres, que ellos no tenían nada que ver en este asunto, que yo era el único responsable y que si les debía algo que me lo dijeran ya. Ellos estaban disgustados por lo que yo había hecho y se notaba en la cara que me pusieron; nunca más volví a saber de ellos. Sin embargo, en esos dos años que viví en el Seminario aprendí muchas cosas y pude entender el idioma inglés.

Fin

Y la vida sigue...

Anexo

Canción de abuelo Gilberto

Mi morena mi morena
Mi morena mi morena
Mi morena es un tesoro
Tiene un colochito en la frente
que parece un alambre de oro

Ojos negros de mi vida
Por tu puerta voy pasando
Si por mi te has despertado
Volvete a quedar dormida

Yo no vengo a que te despiertes
Ni que abandones tu cama
Solo vengo pa' decirte
Son las tres de la mañana

Yo no vengo a que te levantes
Ni que abandones tus sueños
Solo vengo pa' decirte
Hoy te cantará tu dueño

Nota: Claudia y yo recuperamos esta canción, después
de que abuelito Gilberto la cantara hace muchos años.

Índice

Biografía

Nací en Palmares de padres campesinos. Pude terminar la escuela, el colegio e ir a la universidad en San José.

Gran parte de mi vida la pasé trabajando en bienes y raíces: diseñando, construyendo y vendiendo proyectos de interés social, conjuntamente con Carlos mi hermano y el Ingeniero Ricardo Tinoco. Dichos proyectos no fueron rentables económicamente. Hoy sólo queda la satisfacción de haber ayudado a mucha gente sin recursos para hacerse de casa propia.

Siempre me interesó la filosofía. Más recientemente, he asistido a cursos que imparte la Universidad de Costa Rica para el adulto mayor. Entre ellos llevé cursos de ''Filosofía Clásica'', estudiando más de cerca a sus representantes: Sócrates, Platón y Aristóteles y el de

''Cuenta Cuentos'', en donde pude compartir algunos de mis relatos.

No soy escritor ni poeta, sólo un aficionado.

José Pacheco Ramírez

www.ingramcontent.com/pod-product-compliance
Lightning Source LLC
Chambersburg PA
CBHW050445150626
46551CB00028B/1681